일러두기

• 한글쓰기를 원칙으로 하였으며, 필요한 경우 인명, 지명 등 외국어
고유명사는 영어 표현을 기준으로 표기하였다.
• 서술 중 뜻을 살리기 위해 해석되는 말은 (   )에 표기하였다.

2025년 3월 14일 초판 1쇄

글 이문학 정호영
펴낸곳 하다 HadA
펴낸이 전미정
디자인 윤종욱 정윤혜
교정·교열 전혜영 최하영
출판등록 2009년 12월 3일, 제301-2009-230호
주소 서울 중구 퇴계로 235, 211호
전화 02-2275-5326
팩스 02-2275-5327
이메일 go5326@naver.com
홈페이지 www.npplus.co.kr
ISBN 978-89-97170-74-6 03900

정가 18,500원
ⓒ 이문학·정호영, 2025

1975 사이공 대탈출

사이공에서 펼쳐진 운명의 작전, 십자성 작전의 기록

1975년 4월, 사이공에서 펼쳐진 운명의 작전

세월은 물 흐르듯 흘러 어느덧 아흔을 바라보는 나이가 되었다. 내 인생을 되돌아볼 때, 누군가 "가장 기억에 남는 일이 무엇이었는가" 묻는다면 나는 1975년 4월의 그날을 떠올리곤 한다.

1975년 4월 30일 남베트남월남이 패망하던 그날, 나는 남베트남의 수도 사이공 시내 한복판에 있었다. '동양의 파리'로 불렸던 사이공이 적에게 포위되어 함락되기 직전, 나는 군복을 입고 생과 사의 갈림길에서 임무 수행에 방점을 찍는 마지막을 위해 몸부림쳤다. 그때를 생각하면 지금도 등에서 식은땀이 흐른다.

내 인생에서 가장 촌각을 다투며 피를 말려야 했던 그 순간들은 지나고 보니 가장 아름답고 보람된 나날이었다. 제복을 입은 군인만이 얻을 수 있는 최고의 행복을 그때 경험했다.

남베트남이 패망하기 직전, 대한민국 정부는 베트남에 거주하던 교민들을 해군의 군함으로 안전하게 탈출시키는 계획을 세웠다. 박정희 대통령의 지시로 비밀리에 해군에 하달된 특수 임무 작전이었다. 일명 '십자성 작전'이었다.

'십자성 작전'은 유사시 사태가 발생할 경우, 베트남에 거주하던 한국공관원과 교민을 비상 탈출시키는 것이었다. 최초에는 계획으로 시작해 작전으로 이어졌다. 나는 당시 해군 작전과장으로서 이 작전의 시작과 끝을 기안하고 진행한 핵심 관계자 중 한 명이었다.

애초에 이 작전은 처음 계획과는 달리 예기치 못한 여러 가지 돌발상황으로 인해 성공할 확률이 거의 없었다. 그러나 결과적으로 해군 장병과 교민 모두 단 한 명의 피해도 없이 베트남을 탈출해 대한민국으로 무사히 귀국하는 기적적인 성공을 거두었다.

십자성 작전은 오랫동안 소문으로만 소수의 사람 입에서 구전됐을 뿐 철저하게 묻혔다. 여러 가지 상황으로 인해 지난 2006년 해제될 때까지 30년이 넘도록 군사기밀로 철저히 묶였기 때문이었다.

오늘날 십자성 작전은 일부 매체 등에서 부분적으로 다루어지며 조금씩 세상에 알려지게 됐다. 하지만 내용의 상당 부분이 부정확하거나 과장된 측면이 없지 않다. 이 작전의 처음과 끝을 제대로 아는 사람도 거의 없다. 당시 작전을 수행한 상당수 핵심 관계자는 모두 세상을 떠났다.

세월은 흘러 '십자성 작전'을 수행한 지 어느덧 50년이 가까워졌다. 나는 매주 금요일마다 한국 예비역 기독군인회 서울지회가 주관하는 조찬 기도회에 참석한다. 그 자리에서 신앙생활을 함께하는 선·후배와 동료들로부터 십자성 작전에 대한 기록을 남기라는 조언을 듣곤 했다. 이 책을 쓰게 된 동기다.

늦었지만 이 책을 통해 십자성 작전이 세상에 널리 알려져 국민 대다수가 우리 군과 해군을 더욱 사랑하고 자랑스러워할 수 있는 사회적 분위기가 조성되었으면 하는 바람이다.

이 책을 쓰는 데 많은 분의 도움을 받았다. 몸이 불편한 나를 대신해 원고 작성을 도운 정호영 작가, 사관학교 동기로서 같이 작전에 참여한 영원한 전우 박인석 함장, 그리고 함께 근무하고 있는

(사)6·25 진실 알리기 본부 박환인 부총재^{해사 14기 동기, 예비역 해병소장}와 정상희 실장께 감사를 드린다. 또한 책의 출간을 응원하고 지원해 준 한국 예비역 기독군인회 해상 동아리 회원 여러분, 특히 모임의 원로로 세심한 지도와 격려를 아끼지 않은 차윤^{해사 6기} 선배님, 유일한 혈육으로서 아빠를 적극적으로 지지해 준 딸 이연수에게도 진심으로 고마운 마음을 전한다.

무엇보다 이 모든 과정을 주관하시고 이끌어 주신 하나님께 감사와 영광을 드린다.

"우리가 알거니와 하나님을 사랑하는 자
곧 그 뜻대로 부르심을 입은 자들에게는 모든 것이 합력하여 선을 이루느니라."
(롬 8:28)

비밀에서 역사로, 해군의 십자성 작전 기록

이 글은 대한민국 해군이 수행한 십자성 작전에 대한 기록을 책으로 남기게 된 배경을 담고 있다.

필자는 국방일보에서 정년퇴직한 직후, 십자성 작전을 기안했던 해군의 핵심 관계자였던 이문학 선생으로부터 책 집필 요청을 받았다.

군 역사를 나름 안다고 생각했던 필자조차도 십자성 작전은 생소했다. 사전에서 얼핏 본 단편적인 지식이 전부였다. 부끄러움을 느낀 필자는 기자 시절로 돌아가 십자성 작전의 처음과 끝을 재구성했다. 전 과정을 철저히 조사하고 취재하여 독자 누구라도 재미있게 읽고 쉽게 이해할 수 있도록 내용을 채웠다. 다행히도 공동 저자인 이문학 선생이 많은 자료를 제공함은 물론 세심하게 인터뷰와 고증을 해준 덕분에 높은 완성도를 갖출 수 있었다.

십자성 작전은 대한민국이 역사상 최초로 해외에 주둔한 자국민을 국가 차원에서 안전하게 국내로 철수시킨 작전이자, 세계적으로도 유례가 드문 완벽한 해상 구출 작전이었다.

당시 대한민국 정부는 비밀리에 해군 수송분대를 조직해 계봉함과 북한함 2척의 LST를 이끌고 베트남으로 항해했다. 그리고 북베트남군의 공격으로 남베트남_{월남}이 패망하기 직전, 극적으로 현지 교민과 월남 피란민 등 1,902명을 군함에 태워 탈출하는 데 성공했다. 이들 중 567명은 베트남의 푸꾸옥섬에 하선시키고, 나머지 1,335명은 자유민주주의 국가인 대한민국으로 안전하게 이송했다.

이 작전은 여러 가지 돌발상황이 발생하여 성공할 확률이 거의 없었다. 특히 해군 지휘부는 작전 중 장병들의 안위를 걱정하여 즉각 철수를 지시하기도 했다. 그러나 해군 수송분대는 상부의 명령을 거부하고 끝까지 교민 구출 작전을 감행했다. 만약 지휘부의 명령을 따랐다면 교민 구출 작전은 실패했을 것이다.

1975년 4월 30일, 남베트남이 공산군에게 패망하기 직전, 피란민에 대한 비상 철수작전은 두 곳에서 동시에 진행되었다. 하나는 한국에서 비밀리에 출동한 해군 LST 2척에 의한 십자성 작전이 그

것이었다.

다른 하나는 미국 7함대가 수행한 월남 피란민 비상 철수작전 Frequent Wind Operation이었다. 미군은 주월 미국대사관과 탄손누트 공항을 통해 피란민을 C-130 군용기 편으로 철수시키려 했지만, 북베트남군의 포격으로 무산되었다. 결국 사이공의 미국대사관에서는 헬리콥터를 이용한 비상 탈출작전을 수행해야 했다.

당시 대한민국 해군 군함이 출동해 천 명이 넘는 교민과 베트남 피란민을 태우고 돌아오는 십자성 작전은 성공을 거두었지만, 한국 대사관 직원과 일부 교민들을 미국대사관에서 헬기로 탈출시키는 미국 측의 작전은 실패했다.

그러나 십자성 작전의 성공에도 불구하고, 사이공을 미처 탈출하지 못한 한국대사관 직원과 교민들이 북베트남군에 의해 불이익을 받을 가능성을 우려해 이 작전은 오랫동안 비밀로 묶인 채 역사 속으로 묻혀버렸다.

다행히도 이 작전의 시작과 마침표를 찍은 주역 중 한 명이었던 이문학 선생이 십자성 작전에 대한 모든 것을 생생하게 증언하고 기록으로 남긴 덕분에, 이 책이 세상에 나올 수 있게 됐다.

50년 전, 국가와 국민을 위해 목숨을 바쳐 이역만리 베트남에서 비밀작전을 펼쳤던 해군 영웅들에게 대한민국 국민이 늦게나마 감사의 박수를 보내는 날이 오기를 진심으로 바란다.

필자는 몸이 불편한 이문학 선생을 도와 십자성 작전을 정리하는 과정에서 부록으로 '베트남전쟁과 한국군'에 대한 글을 첨부했다. 십자성 작전의 배경이 된 베트남전쟁과 파병 한국군의 활동을 독자들이 쉽게 이해하고 흥미롭게 읽을 수 있도록 집필하였다.

오늘날 대한민국이 경제 선진국이 되고, 군사적으로 세계적 강군이 될 수 있었던 바탕은 베트남 파병 장병들이 흘린 피와 땀에서 비롯되었다는 사실을 잊지 않았으면 하는 바람이다.

1975
사이공 대탈출

사이공에서 펼쳐진 운명의 작전, 십자성 작전의 기록

CONTENTS

SIDE 01 _____
사이공을 탈출하라

SIDE 02
베트남전쟁과 한국군 파병

사이공을 탈출하라

•

펼쳐진 해군의 교민 구출 작전
1975년 4월 패망을 앞둔 남베트남에서

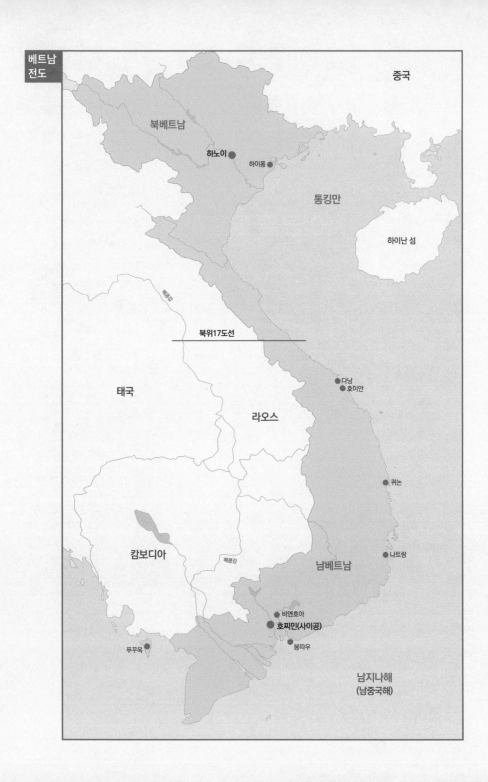

베트남
전도

중국

북베트남

하노이 ●

하이퐁 ●

통킹만

하이난 섬

메콩강

북위17도선

태국

라오스

다낭 ●
● 호이안

캄보디아

메콩강

퀴논 ●

나트랑 ●

남베트남

비엔호아 ●
호찌민(사이공) ●

● 붕따우

푸꾸옥 ●

남지나해
(남중국해)

01 베트남으로 작전을 수행하기 위해 출항하고 있는 LST-810 계봉함의 항해 모습
02 베트남으로 항해 중 대테러 사격훈련을 위해 함상에서 준비하고 있는 해군 수송분대 장병

03 해군 수송분대 기함인 북한함에서 장병들이 남베트남에 전달할 구호물자 전달식을 진행하고 있다.
04 사이공 뉴포트항에 정박한 해군 LST 함정 옆으로 구호품을 옮길 트럭이 대기하고 있다.

05 해군 장병들이 뉴포트항에 정박한 계봉함 앞에서 구호물자를 옮기는 것을 논의하고 있다.
06 한국 교민들과 남베트남 피란민들이 사이공 뉴포트항에 도착한 버스에서 하차하고 있다.

07 함상에 텐트를 설치해 한국 교민과 남베트남 난민들을 실은 해군 LST 함정이 항구를 벗어나면서 바라본 사이공 부두 정경
08 베트남 남쪽의 푸꾸옥에 도착하자 해군 LST에서 하선하고 있는 남베트남 피란민들

09 베트남에서 자유 대한민국에 도착할 때까지 장장 13일간 해군 LST 함상에 설치된 텐트에서 생활한 한국 교민과 남베트남 난민들의 모습

10 매일 함정 한 척당 천 명이 넘는 인원의 음식 세 끼를 준비하느라 바쁘게 움직이고 있는 장병들의 모습

11 남베트남이 패망하기 하루 전날, 사이공 시내의 미국대사관에서 순서를 기다리는 피란민들과 이들을 통제하는 미 해병 장병
12 사이공 미국대사관 내 레크레이션 센터 수영장 주위로 피란민들이 몰려있다. 사진 가운데 인물이 필자(이문학 중령)이다.

13 미국대사관 본관 위로 피란민들을 수송하기 위해 이착륙하고 있는 미군 헬리콥터의 모습

14 한국 교민과 베트남 난민을 태우고 무사히 부산항에 입항한 해군 수송분대를 방문한 주한 월남대사 내외. 사진 좌측부터 북한함 이윤도 함장, 계봉함 박인석 함장(중앙), 권상호 사령관, 이문학 중령(우측 끝)

1975년 4월, 베트남전쟁이 막바지로 치닫고 북베트남군의 공세가 거세지면서 남베트남의 수도 사이공은 함락 위기에 처했다. 이러한 상황에서 대한민국 정부는 자국민 보호를 최우선 과제로 삼고, 현지에 남아 있는 한국 교민과 관련 인원들의 안전한 철수를 위한 작전을 추진하게 된다. 바로 대한민국 해군이 수행한 십자성 작전이다.

대한민국 해군은 이 작전을 위해 LST(상륙함) 3척(북한함, 계봉함, 덕봉함)을 투입하였다. 수송분대는 부산을 출항하여 남베트남으로 이동하였으며, 본래의 임무는 구호물자를 전달하고 피란민을 수송하는 것이었다. 그러나 전황이 급격히 악화되면서 한국 정부는 철수계획을 재조정하였고, 작전의 핵심 목표는 교민 철수로 변경되었다.

4월 26일, 사이공 함락이 눈앞에 닥친 가운데 대한민국 해군은 철수작전을 본격적으로 단행했다. 한국 교민뿐만 아니라 한국과 깊은 연관을 맺은 베트남인들까지 포함하여 총 1,902명이 함정에 승선하였으며, 이들은 무사히 베트남을 빠져나가 안전한 지역으로 이동할 수 있었다. 작전은 철저한 보안 속에서 진행되었으며, 단 한 명의 인명 피해도 없이 성공적으로 완료되었다.

십자성 작전은 대한민국 군이 해외에서 수행한 최초의 대규모 민간인 구출 작전으로, 향후 대한민국의 해외 철수 및 구출 작전에 중요한 선례가 되었다. 이후 2021년 아프가니스탄 미라클 작전, 2023년 아프리카 수단에서의 프라미스 작전 등 대한민국 군은 다시 한번 철저한 계획과 신속한 대응을 바탕으로 자국민을 보호하는 임무를 수행하였다.

십자성 작전은 대한민국 해군의 작전 능력을 국제적으로 입증한 사례이자, 국가의 책무를 다한 역사적인 순간으로 기록되고 있다.

1975년 4월 2일

예고 없는 사이공 출장

3년 만에 다시 찾은 베트남월남은 후끈한 열기로 나를 반겼다. 남베트남의 수도인 사이공Saigon, 오늘날 호찌민 탄손누트Tan Son Nhat 공항에 도착하자 습한 더위가 기다렸다는 듯이 전신을 파고들었다.

동행한 한국함대현재의 해군작전사령부 참모장인 김대용 준장해사 8기은 비행기 트랩을 내리자마자 연신 손부채를 하며 덥다고 혀를 찼다.

남베트남 수상 보좌관인 람 응우옌 탄Lam Nguon Tanh 전前 해군 소장이 영접차 공항에 나와 있었다. 관례에 비추어 보면 이례적인 예우였다.

'이게 뭐지?'

나는 속으로 의아했지만 애써 표정을 감췄다. 잠시 잊고 있었던 긴장감이 엄습했다.

남베트남 정부가 제공한 귀빈용 승용차 안에서 본 사이공 시내의 모습은 평화로웠다. 사이공의 이국적인 아름다운 풍광과 왁자지껄한 활기는 3년 전과 크게 달라 보이지 않았다. 그런데 거리를 걷는 시민들의 표정에는 왠지 모를 불안과 초조함이 언뜻언뜻 담겨 있었다.

이번 베트남 방문은 극비리에 이루어졌다. 생각해보면 번갯불에 콩 구워 먹듯이 순식간에 진행돼 정신이 하나도 없을 정도였다. 그만큼 긴급한 상황임이 분명했다.

나는 당시 대한민국 해군의 작전과장이었다. 남북한 간의 잦은 무력 충돌로 긴장이 극에 달하던 시기여서 한반도 해상의 모든 상황을 예의 주시하며 대비에 만전을 기해야 하는 직책이었다.

당시 서울 대방동에 위치한 해군본부 지하 벙커가 내 주된 일터였다. 대형 상황판을 보며 전화기와 무전기로 1분 1초 실시간으로 상황을 파악하다 보면 퇴근은 고사하고 하루 종일 햇빛을 보지 못한 적도 허다했다. 벙커 옆에는 작전과장 사무실이 있었는데, 개인 업무를 처리하고 야간에 잠깐씩 수면을 취할 수 있는 곳이었다.

이곳 작전과장실로 이틀 전인 3월 31일 오후 6시 15분경, 갑작스러운 전화가 왔다. 해군 인사참모부장 부관이었다.

"인사참모부장님이 지금 급히 찾으십니다."

'무슨 일이지? 직속상관인 작전참모부장이 아닌 인사참모부장께서?'

나는 의아했지만 서둘러 2층의 인사참모부장실로 달려갔다. 인사참모부장인 이은수 소장은 나를 보자마자 서류 봉투를 내밀며 말했다.

"이 중령, 내일 월남 출장을 다녀와야겠어. 여권과 비행기표, 면역 주사 증명서 등 출국에 필요한 서류는 봉투 안에 다 있고, 자세한 업무에 대해서는 작전참모부장의 지시를 받게나."

나는 얼떨결에 봉투를 들고 작전참모부장실로 갔다. 작전참모부장인 이종호 소장은 기다렸다는 듯이 말을 꺼냈다.

"내일 함대 참모장인 김대용 준장과 같이 월남에 가서 김영관 주월남 한국대사를 만나게. 그리고 우리 해군의 상륙용 대형 수송함인 LST Landing Ship Tank 2척 파견에 따른 현지 조사와 업무 사항에 대해 협의하고 오게나. 이 일은 극비사항이니 아무에게도 알리지 말고 다녀오게."

훗날 '십자성 계획'으로 명명된 작전은 이렇게 시작됐다. 내가 해군 작전과장이라는 중요 직책을 비우고 이 임무에 전격 선발된 것은 우리 군의 남베트남 철수1973년 3월 시 해상 수송 임무를 맡았던 백구부대의 마지막 인사참모였기 때문이었다.

십자성 계획은 남베트남의 수도 사이공이 북베트남 군대에 의해 함락되어 패망하기 직전, 남베트남의 요청으로 피란민 수송과 인도적 구호 지원을 위해 마련한 해군의 특수 임무 작전이었다. 이 계획은 박정희 대통령의 지시에 따른 것이었다.

임무는 첫 번째가 남베트남 피란민들의 수송과 구호 활동에 대한 인도적 지원이고, 두 번째는 한국에서 파송된 구호물자(의료 약품, 비상식량 등 구호품) 전달이었다. 세 번째가 혹시라도 유사시(긴급사태 발생 시) 주월남 한국공관원과 교민의 철수였다.

내가 남베트남으로 현지 조사를 위해 급히 출장을 온 이때만 해도 비상사태가 발생해 임무의 우선순위가 뒤바뀌게 될 줄은 전혀 생각하지 않았다. 혹시 몰라 유사시를 대비하는 계획3순위을 세우기는 했지만, 막상 그것이 주 임무로 현실이 될 줄은 누구도 예상하지 못했다.

십자성 계획의 서막

나와 김대용 준장 두 명으로 구성된 조사반은 공항에 도착하면서부터 현지 대사관에서 세운 일정계획에 따라 바쁘게 움직였다. 남베트남 정부의 부수상을 비롯해 사회부 장관, 보건사회부 장관, 합동참모본부, 해군본부, 미 해군수송단을 차례로 방문했다.

판 꽝 단Phan Quang Dan 남베트남 부수상은 남베트남 정부의 지원 요청에 대한민국 정부가 조사반을 보내주심에 감사의 뜻을 표한 뒤 남베트남 정부의 요청 사항을 전했다. 요청 내용은 이랬다. 피란민 수송 선박 지원, 피란민 구호 물품(의약품, 생필품 등) 지원, 푸꾸옥Phu Quoc, 한국의 제주도와 같은 섬 피란민 수용시설 설치 지원이 그것이었다.

미 해군수송단은 한국 해군의 군함인 LST가 남베트남 피란민 수송에 참여하게 되면 사령관인 벤턴Benton 소장의 지휘·감독하에서 긴밀한 업무협조가 필요하기에 꼭 들려야만 했다. 미군이 남베트남을 공식적으로 철수했다지만 곳곳에서 미군의 역할은 무시할 수 없었다.

저녁이 되자 남베트남 정부는 한국 조사반과 한국대사관 공관원을 위해 성대한 만찬을 열었다. 이때 옆자리에 앉은 대사관 직원이 우리 조사반이 급히 남베트남으로 오게 된 배경에 대해 귀띔해 주었다. 포만감에 나른했던 정신이 확 깨는 느낌이었다.

베트남으로 파병된 한국군이 철수하게 된 것은 1973년 1월 27일에 조인된 파리평화협정에 따른 것이었다. 이에 따라 미군과 한국군은 1973년 3월 23일 자로 완전 철수했다. 공산 월맹군인 북베트남은 이후 베트콩남베트남 공산 게릴라을 앞세워 휴전 협정을 위반하며 남베트남의 중요 요충지를 집중 공략했다. 불안했지만 미군 철수 당시 남베트남은 병력과 장비 모두 북베트남보다 우월했다. 그래서 모두 쉽게 무너지지는 않을 거라고 생각했다.

그러나 새해가 되자 전황이 급변했다. 1975년 1월 초 남베트남의 수도 사이공으로 향하는 중요 지역인 캄보디아 국경지대 프억롱 성Phuoc Long 쏩이 북베트남 군대월맹군에 점령당하는 참사가 벌어졌다. 남베트남의 중간 허리가 잘린 셈이었다.

이로 인해 남베트남의 북쪽인 다낭Da Nang, 나트랑Nha Trang, 캄란

Cam Ranh 등 해안에 인접한 도시에서 대규모 피란민들이 밀려 내려왔다. 피란민 처리 문제가 심각해진 것이었다. 이에 남베트남 부수상은 3월 23일 사이공 주재 외국 공관장과 국제기구 대표들을 관저로 초청해 피란민 구호 지원을 호소했다.

주한駐韓 베트남대사는 3월 26일 한국의 노신영 외무부 차관을 방문해 남베트남에 피란민 수송과 구호 활동 지원을 요청하는 남베트남 외무성의 성명서를 전했다. 공산 월맹이 파리평화협정을 위반하고 공세를 가해 오므로 수많은 피란민이 발생했다면서 인도적 차원의 지원을 호소했다.

김영관 주월남 한국대사는 한국 외무부에 남베트남 피란민 관련 현황에 대해 3월 초부터 계속해서 보고했다. 특히 3월 28일에는 제3국의 지원 현황을 보고하며 사태의 심각성을 강조했다. 자유중국대만이 상륙정 2척을 파견하기로 결정해 출항 예정이고, C-119 수송기도 파견을 검토 중이라는 것이었다. 필리핀도 남베트남에서 활동 중인 상륙정 1척을 지원한다고 알렸다.

한편 미국은 이미 베트남 피란민 철수 수송 계획Frequent Wind Operation IV을 위해 미 7함대의 항공모함들과 상륙함, 그리고 민간 용역 선박들을 작전지역으로 움직이고 있음을 강조했다. 박정희 대통령은 김동조 외무부 장관을 통해 베트남의 피란민 수송 지원 요청에 대해 3월 26일 이미 인지하고 있었다. 한국 군함을 통한 수송편 제공은 단순한 인도적 차원을 넘어 어쩌면 정치적 차원으로까지 복잡하게 엮일 수 있어 우려되는 상황이었다.

특히 당시 한국에서 미군의 철수가 거론되고 있는 미묘한 시점에서 베트남과 미국이 사전에 의견을 조율해 즉석에서 대규모 수송 작전 계획을 세운 사실에 대해 한국 정부는 그 속뜻이 무엇인지 촉각을 곤두세우고 있었다.

해군 참모총장 출신인 김영관 주월남 한국대사는 3월 29일 대한민국 정부에 공식으로 해군 LST 파견을 요청했다. 이에 정부는 3월 31일 국무회의에서 순전히 인도적 차원에서 남베트남 피란민 수송 및 구호 활동을 돕자고 결정했다. 이 결정은 주월남 한국대사와 주한 베트남대사에게 곧바로 전달됐다.

박정희 대통령은 이어 김영관 대사의 해군 LST 파견 요청에 대해 자세히 검토하라고 지시를 내렸다. 국방부와 해군본부는 긴급히 현지의 현황 파악과 구체적 지원 방법 등 제반 사항을 검토·협의하기 위해 조사반을 구성하기로 했다. 여기서 한국함대 참모장인 김대용 준장과 해군본부 작전과장인 내가 조사반의 요원으로 선발됐다. 그리고 조사반이 구성되자마자 즉시 남베트남으로 떠나라는 명령이 하달됐다.

나는 옆자리의 대사관 직원으로부터 이러한 내용의 배경 설명을 전해 듣자 가슴이 요동쳤다.

'사이공을 탈출하라.'

문득 십자성 계획에서 만일을 몰라 세워둔 세 번째 임무인 '유사시(긴급사태 발생 시) 주월남 한국공관원과 교민의 철수'라는 문구가 뇌리를 스쳤다.

그날 밤, 난 숙소 창문 너머로 휘황찬란하게 불을 밝힌 사이공의 야경을 바라보며 좀체 잠을 이룰 수 없었다.

1975년 4월 3일

군함으로 교민 철수 논의

사이공 시내에 위치한 주월남 한국대사관은 아침부터 분주했다. 김영관 대사를 비롯한 한국대사관 직원과 조사반은 오전 8시부터 한자리에 모여 베트남 전황과 교민 철수에 관해 의견을 교환했다.

이 자리에서 김영관 대사는 항공기를 통한 교민 철수가 어려운 3가지 이유를 다음과 같이 설명했다.

"첫째, 항공기를 통한 외국인의 대량 철수가 남베트남 패망의 서곡序曲으로 해석될 수 있기에 남베트남의 협조를 확신할 수 없다. 둘째, 만약 항공기를 통해 교민들을 철수시킨 후 남베트남이 위기를 타개한다면 한국은 언제든지 남베트남을 버릴 수 있는 믿지 못할 국가라는 인식과 함께 외교적인 부담을 감내해야 한다. 셋째, 많은 교민들이 불법체류자이기 때문에 남베트남 정부의 협조 없이는 정상적인 출국심사를 통과할 수 없다. 따라서 함정을 이용한 철수가 최상의 방법이다."

전前 해군 참모총장 출신인 김영관 대사는 처음부터 교민 철수 수단으로 한국 해군의 군함을 염두에 두고 있었다. 군함은 대규모 병력과 장비를 상륙시킬 수 있는 LST를 의미했다.

그렇다면 한국군의 베트남전 참전 당시 LST를 운용하며 남베트남 사이공에서 수송 작전을 벌였던 한국 해군 백구부대의 마지막 인사참모였던 내가 조사반의 일원이 된 것은 결코 우연이 아니었다. 김영관 대사는 처음부터 나와 김대용 준장을 조사반의 일원으로 점찍어 놓고 있었다는 생각이 들었다.

이어 대사관 무관인 정영순 육군 대령이 베트남의 정치적·군사적 상황에 대해 자세히 보고했다. 군인답게 절도 있는 모습으로 굉장히 예리하게 정세를 분석해 인상적이었다. 정 대령의 분석은 다음과 같았다.

1973년 1월 27일 파리에서 북베트남, 남베트남, 미국 간에 파리평화협정이 체결됐다. 이후 남베트남은 주둔했던 외국군대미군, 한국군 등가 철수하자 경제가 위축되고 고질적인 부정부패로 사회는 혼란에 빠져들었다.

파리평화협정이 체결될 당시 남베트남의 군사력은 무기 성능과 수량 측면에서 북베트남에 비해 우세했다. 남베트남은 미군이 철수

1975 사이공 대탈출

하면서 넘겨준 최신 장비와 병력 110만 명, 세계 4위의 공군력 등 막강한 전력을 보유하고 있었다.

북베트남은 군사력이 양적·질적인 면에서 열세였으나 '미국의 개입만 없다면, 통일을 이룰 수 있다'는 자신감이 있었다.

반면 사회·경제적인 면에서는 북베트남도 전쟁 기간 미군의 폭격으로 산업시설 대부분이 파괴되었고, 국민이 굶주림에 시달리는 등 어려움을 겪고 있는 것은 마찬가지였다. 이런 상황에서도 북베트남은 '호찌민 통로비밀 지하땅굴'를 넓히고 많은 인력과 물자를 남쪽으로 보내 자신들의 세력을 강화해 나갔다.

북베트남 노동당 중앙위원회는 1974년 10월 총공세를 결의하고 공세에 앞서 사이공 북방 135㎞ 지점의 프억롱 성을 공격하기로 결정했다. 프억롱 성을 목표로 선정한 이유는 그곳이 전략적으로 중요한 지역은 아니었으나, 남베트남의 지방군만 배치되어 방어력이 미약했고 캄보디아 국경과 인접해 점령하기가 쉽다고 판단했기 때문이었다.

그러나 북베트남의 진짜 공격 목적은 미국의 재개입 가능성과 남베트남군의 전투 능력을 확인하기 위한 것이었다. 북베트남은 12월 13일 2개 사단의 병력으로 공격을 벌였다. 그런데 남베트남군의 방어력은 생각 이상으로 허술했다. 한 달도 못 돼 1975년 1월 6일 성 전체를 점령했다. 북베트남은 확신했다. 미국이 더 이상 전쟁에 재개입하지 않음은 물론 남베트남군의 전력도 형편없다고 판단한 것이었다.

이후 북베트남은 3월 8일부터 남베트남 전 지역에서 기만공격을 벌였다. 10일에는 3개 사단을 투입해 전략 요충지인 부온 마 투옷 Buon Ma Thuot을 기습적으로 점령했다. 이에 화들짝 놀란 남베트남의 응우옌 반 티우Nguyen Van Thieu 대통령은 병력을 중부의 산악지역에서 해안으로 철수시킨 뒤 인구가 밀집된 도시에서 방어하라고 명령했다.

남베트남 티우 대통령의 철수 명령이 떨어지자 뜻밖에도 혼란은 군에서부터 시작됐다. 남베트남 1군단과 2군단의 병력은 자신들의 가족과 살림살이를 챙기기에 급급했고, 해안지역의 민간인들 역시 살길을 찾아 우르르 피난길에 나섰다. 군인과 민간인이 뒤엉켜 해안도로 전역은 북새통을 이루었다.

이런 상황에서 곳곳에서 은거하던 베트콩이 후방에서 공격에 가세하자 혼란은 극에 달했다. 남베트남 2개 군단은 앞뒤로 공격받자 무기마저 버리고 도주했고, 겨우 1만여 명의 병력만이 해상으로 철수했다. 북베트남의 단 한 차례 총공세로 10만 병력의 남베트남 2개 군단이 와르르 무너진 것이었다.

북베트남군은 내친김에 남베트남의 수도 사이공까지 공세를 확대해 나갔다. 이들은 남베트남군이 버리고 간 버스, 트럭, 승용차 등을 이용해 사이공을 향해 거침없이 진격했다. 그러자 남베트남 정부의 주요 관리들을 비롯해 남베트남 주재 외교관, 외국기업체 요원들도 철수를 심각하게 고민하는 처지가 됐다.

대사관 정영순 대령의 정세분석 브리핑이 끝나자 회의실은 무거운 정적으로 휩싸였다. 다들 할 말을 잊은 채 침묵을 유지했다.

답답했다. 싸우기도 전에 스스로 무너져버린 남베트남의 현실이 한심하다 못해 화가 날 정도였다. 나는 남베트남의 패망은 이제 시간 문제라고 생각했다.

'그렇다면?'

시간이 없었다. 대한민국 해군을 대표해 조사반으로서 내가 해야 할 일은 이제 명확해졌다. 김영관 대사가 말한 함정을 통한 교민들의 철수작전이 최상의 방법이었다. 문득 맞은편의 김영관 대사를 바라보자 그는 말없이 고개를 끄떡였다. 이심전심이었다.

십자성 작전은 이렇게 막이 올랐다.

대한민국 정부의 대책 회의

나와 김대용 준장으로 구성된 조사반은 대사관 회의를 마치자마자 미 해군수송단과 남베트남 해군본부를 차례로 방문했다. LST가 작전을 수행할 수 있는지 여부를 파악하기 위해서였다.

벤턴 소장은 한국 해군이 남베트남 피란민을 구호하고 수송하는 작전을 수행하는 것은 아무런 문제가 되지 않는다고 의견을 밝혔다. 남베트남 해군도 한국 해군 군함이 입항한다면 통신 및 보급 등 필요한 모든 지원을 아끼지 않겠다고 확언했다. 남베트남 정부의 요청에 따른 것이기에 당연한 일이었지만, 행정적으로 확실한 협조와 절차를 밟는 것은 중요했다.

나는 작전 수행에 필요한 모든 항목이 충족되었는지 몇 번이고 꼼꼼히 확인했다. 현지 한국대사관 직원들의 협력으로 상황 파악은 생각보다 빠르게 일사천리로 진행됐다.

그러자 김영관 대사는 "지금 당장이라도 빨리 귀국해 한국 해군의 LST를 보내달라."고 재촉했다. 최초 10일간 예정되었던 일정을 조기에 마치고 서두르라는 말이었다. 그만큼 현지 상황은 하루가 다르게 긴박했다. 나와 김대용 준장은 서둘러 귀국을 위해 짐을 꾸렸다.

같은 시간, 국내에서는 남베트남 교민 철수를 위한 정부 관계부처 대책회의가 김정태 외무부 차관보 주관으로 열렸다. 정부는 이 회의에서 미국의 동향을 파악한 뒤 북베트남의 공세로 미루어 남베트남 정세가 위기라고 판단했다.

회의는 속전속결速戰速決로 진행되어 김정태 차관보는 다음과 같은 내용을 결정했다.

"첫째, 남베트남에서 공관원과 교민 철수는 현지 대사가 총지휘하도록 구체적인 철수 내용도 대사의 판단에 일임한다. 둘째, 취업교민 및 민간인들에 대한 퇴거 명령권도 대사에게 부여한다. 셋째, 민간인 중에서 자비 퇴거가 불가능한 사람들을 위해 전세기를 투입한다."

이러한 결정은 이틀 후인 4월 5일 국무회의에서 승인됐다. 그러나 세 번째 항목 실행을 위해서는 예산이 많이 소요되고, 한국 공군 군용기가 남베트남 비행장에 진입할 수 없는 상황이기 때문에 마침 해군본부에서 수립 중이던 '십자성 계획'으로 대체됐다.

십자성 계획 수립 시 합동참모본부가 배제되고 국방부·해군본부·한국함대로 지휘체계가 설정된 것은 애초 군사적 차원이 아닌 인도적 차원에서 식량, 의약품 등을 남베트남에 지원하는 성격이었기 때문이었다.

1975년 4월 6일

파월 특수수송분대 편성

십자성 계획이 처음 공식적으로 알려지게 된 것은 4월 5일 정부의 국무회의를 통해서다. 그리고 이 계획을 입안한 핵심 실무자 중 한 명이 바로 나다. 나는 이러한 역사적 사건의 한복판에서 임무를 수행한 것에 대해 지금도 자긍심을 갖고 있다.

나는 4월 3일 밤 사이공 탄손누트 공항을 출발해 4월 4일 오후 9시경 귀국했다. 꼬박 하루가 걸린 비행시간을 이용해 항공기 내에서 조사보고서 초안을 작성했다. 그리고 김포공항에 도착하자마자 해군본부 벙커로 직행해 '십자성 계획'의 기초가 되는 차트를 만들어 대통령이 볼 수 있도록 청와대로 보고했다. 이 보고서가 4월 5일 국무회의에서 해군 LST가 남베트남으로 파견되는 의결을 이끌었음은 물론이다.

국방부는 이 보고서를 '75 십자성 계획'으로 명명했다. 십자성 계획의 주요 내용은 다음과 같았다.

"대한민국 해군은 한국함대 예하에 특수수송분대를 편성하여 LST 2척은 남베트남 정부의 요청에 따라 한국에서 탁송된 구호물자를 하역한 후 피란민 수송과 구호를 지원한다. 또한 LST 1척은 별도로 유사시 우리 교민들과 한국대사관 직원을 한국으로 철수시키는 임무를 수행한다."

이러한 국방부 훈령에 따라 해군본부는 4월 6일 새롭게 파월 특수수송분대를 편성했다.

수송분대 사령관은 한국함대 21전대장으로 근무 중인 권상호 대령이, 참모장 겸 작전참모는 정홍석 중령, 인사참모 겸 정보참모는 해병대 지혁 소령, 군수참모는 김해균 소령이 임명됐다. 최초 계획 수립에 참여한 나는 수송분대와 주월남 한국대사관 사이를 연결하는 연락장교로 보임됐다.

사령관과 참모들은 베트남전에 참전한 경험이 있는 장교들로 구성됐다. 또한 21전대 예하 8척의 LST 중에서 당장 출동이 가능한 덕봉함LST-808, 계봉함LST-810, 북한함LST-815 3척을 세력으로 선정했다.

북한함과 덕봉함은 당시 진해에 정박 중이어서 즉시 출동이 가능했다. 하지만 계봉함은 제주도에서 훈련 중인 UDTUnderwater Demolition Team, 수중폭파대 대원들을 지원하는 임무 중이어서 함대사령부로부터 진해로 긴급히 귀항하라는 명령을 받고 신속한 항해 끝에 합류했다.

나와 사관학교 동기인 계봉함 함장 박인석 중령이 함대사령부 지휘통제실에 도착하자 기다리고 있던 수송분대 지휘부와 북한함 함장 이윤도 중령, 덕봉함 함장 이종훈 중령은 '십자성 계획'이라는 상부의 극비명령을 수령했다.

해군 특수수송분대 대원 중 나를 제외한 누구도 '십자성 계획'을 아는 사람이 없었다. 모두 이날 처음으로 작전 내용을 접했고, 긴장으로 굳은 안색을 풀지 못한 채 서둘러 임무에 들어갔다. 그만큼 이 작전은 철저히 극비로 진행되었다.

해군 특수수송분대 대원 모두가 진해 부두에 집결한 시간은 4월 6일 아침 7시였다. 권상호 수송분대 사령관은 계봉함 함상에서 김상모 한국함대사령관오늘날 작전사령관에게 신고식을 했다. 그리고 한 시간 후인 정각 8시 조용히 진해항을 빠져나갔다.

수송분대 계봉함 함장의 다짐

박인석 중령은 나와 동기이자 영원한 전우이다. 오늘날까지도 수시로 연락을 취하며 만남을 이어오고 있다. '십자성 계획'에 참가했던 주역 중 한 사람인 그는 당시의 상황에 대해 여러 차례 군 내외 매체에 기고 글을 올리기도 했다. 다음은 그가 전한 생생한 내용이다.

박 중령이 함대사령부로 속히 귀대하라는 명령을 받은 날은 4월

5일 식목일이었다. 이날은 전국적으로 내린 비로 인해 모든 식목 행사가 다음 날로 연기됐다. 진해시에서는 연중행사 중 하나인 군항제의 전야제를 마치고 본격적인 축제가 시작될 무렵이었다.

박 중령은 제주도에서 귀환 후 잠깐이나마 가족과 함께 조용한 하루를 보내고 있었다. 그런데 오후 5시경 함대 상황실로부터 전화벨이 요란하게 울렸다. 내용인즉 급히 귀대하라는 것이었다.

수화기를 끊자마자 박 중령은 곧바로 가족들에게 그저 다녀오겠다는 말 한마디만 남기고 집을 나섰다. 이어 함대 지휘통제실에 도착한 그는 심상치 않은 상황임을 직감했다.

박 중령은 함으로 돌아와 전 대원 비상 소집을 발령했다. 모든 지령은 조용하고 차분한 가운데 극비리에 하달됐다. 그가 지휘하는 계봉함은 그동안 지휘검열과 합동훈련 등으로 바쁜 일정을 보내다 막 귀항한 상태였다. 박 중령은 모처럼의 휴일을 맞이해 당직자 이외의 모든 장병을 상륙시켜 짧지만 달콤한 휴식 시간을 갖게 했다.

비상 소집이 발령된 지 한 시간도 지나지 않은 오후 6시경, 계봉함에는 인사, 군수, 통신, 정보, 법무 등 각 분야의 장병들이 모여 장기간의 출국 준비에 들어갔다.

계봉함의 전투준비태세는 수준급이었다. 언제든지 출항하는 데는 큰 문제가 없었다. 그러나 함장인 박 중령이 갖는 부담은 또 달랐다. 평소의 임무와는 전혀 다른 성격의 비밀작전이었기 때문이었다.

무엇보다 국가의 명예와 국위를 선양해야 한다는 점이었다. 또 하나는 초비상사태에 놓인 남베트남을 돕기 위해 떠나야 하는 상황이었다. 조금도 미비한 점 없이 완벽한 상태를 유지해야만 했다. 작전지역이 국내가 아닌 베트남이라서 언제, 무슨 일이 벌어질지 알 수가 없다는 불안감은 어쩔 수 없었다.

박 중령은 4월 6일 새벽 2시까지 보급 창고와 탄약 창고 등에 군수품을 넉넉히 확보한 것을 확인한 뒤 잠깐의 시간을 이용해 집으로 갔다. 장기간 출항 시 사용할 짐을 챙기기 위해서였다. 곤하게 잠을 자고 있는 가족들의 얼굴을 한번 보고는 잠깐이나마 눈을 붙였다.

새벽 5시경, 박 중령은 세상 모르게 잠자고 있는 가족들을 뒤에 남기고 조용히 집을 나섰다. 함에 도착한 그는 소집된 인원을 파악한 후 각 부서별로 출항 상태를 최종 점검했다.

박 중령은 정각 7시에 함대사령관에게 전 승조원에 대한 출동 신고를 마쳤다. 마침내 오전 8시가 되자 박 중령이 지휘하는 계봉함은 일요일의 조용한 바다를 향해 진해를 떠났다.

1975년 4월 7일

파월 수송분대 출국 신고

진해 항구를 떠난 해군 특수수송분대 LST 2척이 부산 중앙부두에 도착한 것은 4월 6일 정오였다. 약 4시간 만에 부산에 도착하자마자 수송분대 장병들은 정신없이 업무에 매달렸다. 이때까지도 대다수 장병은 함정의 목적지가 남베트남이라는 것을 몰랐다.

수송분대가 하는 모든 일들은 비밀리에 진행됐다. 하지만 속도는 대단히 신속하고 민첩하게 이루어졌다. 철저하게 보안이 유지된 가운데 국방부와 해군본부의 지시에 따라, 그리고 항만사령부의 적극적인 협조 아래 주야를 가리지 않고 작업이 진행됐다.

전국에서 몰려든 각종 물자와 트럭의 행렬은 한때 부산 시내의 교통을 마비시킬 정도였다. 상공부, 농수산부, 농림부 등 정부 기관에서 보내온 식품, 의약품, 공산품, 의류, 식량 등은 450만 달러 규모의 인도적 지원을 위한 비전투 군수품이었다.

서울, 포항, 김포 등에서 수송분대에 합류할 증파 병력도 4월 7일 오전부터 속속 도착했다. 이날 오후 3시경에는 해병대 1사단에서 지혁 소령이 인솔하는 QRF_{Quick Reaction Force, 기동타격대} 소대 병력이 마지막으로 합류했다.

QRF 소대는 함정 경계·보호와 만약에 발생할 수 있는 지상 전투에 대비하기 위해 30명으로 편성된 소대급 규모_{2개 분대}의 병력이었다. 북한함과 계봉함에 중위, 중사, 하사 각 1명과 병사 12명 등 총 15명으로 편성된 QRF 1개 분대가 각각 탑승했다.

이날 QRF 소대 병력이 도착하자마자 수송분대 사령관과 예하 장병들은 해군 참모차장 앞에서 출국 신고식을 가졌다. 이틀 후면 이역만리異域萬里 베트남으로 떠나는 것이었다.

나는 이날 수송분대 사령부 소속임에도 불구하고 신고식에 참석할 수 없었다. 그 시간에 나는 연락단 임무를 수행하기 위해 서울에서 준비물을 챙기면서 해군본부의 주요 직속상관에게 따로 신고했다. 나는 수송분대와 별도로 며칠 후 홀로 김포공항을 떠나 남베트남 사이공으로 향하는 비행기를 탔다.

연락단은 부산에서 출항하는 한국 해군 LST가 남베트남 해역에 도착하면 주월남 한국대사관과 교신할 수 있도록 사전 준비를 담당하는 임무를 맡았다.

주월남 한국대사관 철수대책본부 설치

이날 김동조 외무부 장관은 청와대를 방문해 박정희 대통령에게 베트남 비상 철수계획을 직접 보고했다. 상황은 하루가 다르게 긴박하게 돌아가고 있었다.

같은 시간, 남베트남의 수도 사이공의 한국대사관에서는 현지 한인회와 합동으로 재베트남 한국인 철수대책본부를 조직했다. 본부장으로는 한국 중앙정보부오늘날 국정원에서 파견된 이대용 공사가 선출됐다.

대책본부가 남베트남에서 거주하고 있는 한국인 중 가장 신경 쓰이는 부분은 자비로 귀국하기가 힘든 교민이었다. 이들은 무려 225명으로 파악됐다. 대사관에 신고하지 않은 자비 귀국 무능력자를 포함하면 약 400명이 넘을 것으로 추정됐다.

대한민국 국적을 포함한 교포 2세와 베트남인 처가 95명, 한국인 2세와 현지 베트남인 처의 가족 510여 명까지 철수 대상으로 고려한다면 자비 귀국 무능력자는 약 800명에 이르렀다. 이대용 공사는 답답함에 물만 벌컥 들이키며 한숨을 내쉬었다.

대사관이 진짜 골머리를 앓는 부분은 자비 귀국 무능력자 대부분이 체류 기간을 초과한 불법체류자라는 것이었다. 이들은 출국심사에 필요한 세금 신고와 경찰 신원조사를 정상적으로 통과할 수 없었다. 한국 국적을 취득하지 않은 교포 2세와 현지 베트남인 처를 출국

시키기 위한 증명서 발급과 입국사증 발급에도 너무 많은 시간이 걸렸다.

김영관 대사는 묵묵히 교민 철수 대책회의를 지켜보다 불쑥 의외의 방안을 제시했다. 남베트남 고위층과 협의해 출국 수속을 생략하거나 줄이는 것이 어떻겠느냐는 의견이었다. 대사관 직원 다수는 고개를 끄덕였다.

그러나 일부는 회의적인 표정을 지었다. 과연 그러한 편법이 가능하겠느냐는 물음이었다. 남베트남이 국가 행정 능력을 하루가 다르게 잃어가고 있는 마당에 그 누구도 장담할 수 없는 일이기 때문이었다. 무엇보다 본질은 따로 있었다. 이들 교민 다수는 귀국하고 싶어도 항공편으로 떠날 여비가 없다는 점이었다.

김영관 대사는 이미 답을 알고 있었다. 대사관 직원 모두 마찬가지였다. 자비 부담이 민간인 철수의 기본 원칙으로 정해진 상황에서 무료가 아닌 이상 철수할 인원은 전세기 파견과 무관하게 정해져 있었다. 자비 귀국 능력자보다는 자비 귀국 무능력자의 철수가 당면 과제인 이유였다.

주월남 한국대사관은 자비 귀국 무능력자를 위해 대한민국 정부가 수송 편의를 제공할 수 있는지 다시 한번 본국에 지원방안을 요청하기로 했다. 그리고 교민 철수 대책회의를 마무리했다.

1975년 4월 9일

수송분대 베트남으로 출항

2척의 LST로 편성된 해군 특수수송분대는 4월 7일 부산항에 입항한 후 3일 동안 주야간 작업을 벌였다. 구호품 적재를 완료한 시간은 4월 9일 오전 9시 30분경이었고, 이날 오후가 되어서야 부산항을 떠날 수 있었다.

부산항 부두에는 썰렁할 만큼 아무도 보이지 않았다. 그동안 수많은 파월 함정들이 이곳을 떠나고, 또 돌아올 때면 수많은 국민과 가족들의 눈물겨운 환송과 환영으로 북적거렸다. 하지만 이날만큼은 조용했다.

이날 오후 1시 52분에 계봉함이 출항하고 뒤이어 오후 2시 17분에 수송분대 지휘부가 승선한 북한함이 부산항을 떠났다. 계봉함에

139명, 북한함에 130명 등 총 269명이 승선한 수송분대의 최종 목적지는 남베트남 붕따우Vung Tau, 한국의 인천였다. 도착 예정 시간은 4월 19일 오후 8시였다.

유사시 교민 철수계획은 교민들과 한국대사관 직원들의 생명과 직결된 문제여서 철저한 비밀 유지가 요구됐다. 이 때문에 국방부와 해군 내에서도 극히 일부 인사만 알았다. 관련된 문서는 3급 비밀 이상으로 분류됐다.

수송분대 사령관, 참모, 함장들은 보안 유지를 위해 가족에게도 출항 목적을 알리지 않았다. 이들은 승선한 장병들에게 일상적인 남지나해 훈련을 위해 출동한다고 설명했다. 그래서 과거 베트남 파병 당시의 대대적인 환송 행사와 달리 통상적인 출동 분위기 속에서 출항했다. 수송분대가 제주도 근해를 벗어나자 함장들은 비로소 출항 목표가 남베트남이라는 사실을 장병들에게 알려주었다.

계봉함 함장인 박인석 중령은 부산을 출항해 오륙도가 사라질 즈음, 전 승조원을 대상으로 다음과 같은 내용으로 방송했다.

"함 내에 알린다. 우리는 북베트남 공산군에게 공격을 받고 있는 월남공화국남베트남에 인도적인 지원을 위해 미화 450만 달러에 해당하는 비군사적인 군수물자를 적재하고 다낭으로 향한다. 이 작전은 대한민국이 남베트남을 지원하는 마지막 작전이 될지도 모른다. 그리고 유사시에 교민과 난민 철수도 감행하게 될지 모른다. 이에 작전 중 예상되는 적 게릴라의 테러 공격에 대비한 만반의 방어 능력을 구축해야 한다. 본함은 건조 이래 최대의 화물을 적재하였고 또이 화물들의 안전한 수송과 현지 도착 시 즉각 하역할 수 있도록 만반의 대책을 마련해야 한다. 그리고 우리 승조원은 한 사람도 빠짐없이 다시 이 바다를 통해서 개선 귀국해야 한다. 우리 승조 장병들의 무운을 기원한다. 이상 함장."

방송을 들은 함 승조원들은 처음엔 침묵으로 이번 작전의 중대성을 인지한 뒤 잠시 후 모두가 한목소리로 함성을 질렀다.

"계봉함 만세! 대한민국 만세! 해군 만세!"

사기가 충만한 장병들의 외침이 계봉함 구석구석에 울려 퍼졌다. 마찬가지로 앞서가던 북한함에서도 함장의 방송을 듣자 반드시 임무를 완수하겠다며 목청껏 "필승!"을 외치며 의지를 다졌다.

비상 걸린 주월남 한국대사관

같은 시간, 남베트남 수도 사이공의 한국대사관은 하루가 다르게 현지 상황이 악화되자 비상 체제에 들어갔다.

한국대사관은 전날인 4월 8일 남베트남 공군 전투기가 사이공 시내 한복판에 있는 독립궁을 폭격한 후 북베트남으로 월북하는 사건이 벌어지자 경악을 금하지 못했다. 군 내부에서 반란이 일어난 것이었다.

이처럼 상황이 긴박해지자 김영관 주월남 한국대사는 긴급 철수가 진행되는 경우를 대비해 재베트남 한국인 800명, 공관 직원, 정부 산하기관에서 파견한 직원 4명, 특파원 2명, 현지 베트남인 고용원 5명에 대한 철수지원을 미국대사관에 요청했다.

김영관 대사가 직접 그레이엄 마틴Graham Martin 미국대사를 만날 예정이었으나, 독립궁 폭격 사건으로 통금이 발령되어 이동할 수가 없었다. 이에 요청서를 발송한 후 전화로 긴급 철수가 진행되는 경우 미국대사관의 협조를 거듭 당부했다.

4월 9일에는 사이공으로 가는 길목에 있는 중부 고원지대의 쑤엉록Xuan Loc에서 대규모 전투가 벌어져 하루 종일 촉각을 곤두세우고 상황을 주시했다. 남베트남군 18사단, 82특전대대, 그리고 롱칸성Long Khan 省 예비군이 북베트남군 6사단, 7사단, 그리고 431사단을 맞아 치열한 공방전을 펼쳤다.

수세에 몰리던 남베트남군은 다행히도 공군 전투기의 도움을 받아 힘겹게 북베트남군의 공격을 막아냈다. 하지만 언제 방어선이 뚫릴지 몰라 대사관 직원 모두는 전전긍긍하며 대비책 마련을 서둘렀다.

이날 김영관 대사는 남베트남 외무성 아주국장을 만나 한국 정부의 지원안을 알렸다. 이에 남베트남 외무성 아주국장은 한국 정부의 지원에 감사의 뜻을 표하며 몇 가지 안을 내놓았다. 요지는 지원을 빨리 받기 위해 최대한 협조하겠다는 의사 표시였다. 김영관 대사는 속으로 쾌재를 불렀다. 원하던 바를 확인해주었기 때문이었다.

　김영관 대사는 처음부터 한국에서 오는 해군 LST를 잔류 공관원과 교민의 철수에 사용할 계획을 갖고 있었다. 그러나 이 계획대로라면 남베트남 정부는 물론 한국 정부에서도 거부당할 것이 뻔했다. 그렇다 하더라도 한국 해군의 LST는 사이공의 뉴포트항에 입항해야만 했다. 교민을 철수시킬 수 있는 최적의 장소가 그곳이었기 때문이었다.

　한국 군함이 원래 목적지인 다낭이 아닌 사이공의 항구로 들어오기 위해서는 명분이 필요했다. 그런데 사이공 항구에서 구호품 전달식을 하자고 남베트남 외무성이 먼저 제안했다. 멍석을 깔아준 셈이었다. 더욱이 사이공 뉴포트 입항은 도착 예정인 4월 21일부터 자유중국 LST 2척이 접안하는 것으로 계획되어 있었지만 한국 해군 LST가 먼저 입항해야 한다고 설득하자 순순히 허락했다. 김영관 대사는 속으로 한고비 넘겼다며 조마조마한 가슴을 쓸어내렸다.

1975년 4월 17일

계봉함 기관 고장 나다

해군 특수수송분대 LST가 부산항을 떠난 지 8일째 되던 날이었다. 항해 6일째인 15일경부터 기온이 점점 상승해 섭씨 30도를 웃돌았다. 수송분대 LST 함 장병들은 모두 반팔의 여름옷으로 갈아입고 날씨에 적응하려고 애를 썼다. 밤이면 간간이 갑판 위에서 시원한 바닷바람을 쐬며 더위를 식혔다.

수송분대 지휘부가 탄 선두의 기함旗艦인 북한함 뒤를 따라가는 계봉함이 대만과 필리핀 사이의 바시 해협Bashi Channel을 지날 무렵이었다. 새벽 1시가 채 못 된 시간에 함장실로 요란하게 전화벨이 울렸다.

"함장님 심각한 상황이 발생했습니다."

계봉함 함장인 박인석 중령은 기관장인 김양만 대위의 더듬거리는 목소리에 불안감을 느꼈다.

"무슨 일인데?"

"좌현 기관이 고장 났습니다."

박 중령은 깜짝 놀라 밖을 내다봤다. 어두컴컴한 바다는 파도만 으르렁거릴 뿐 아무것도 보이지 않았다. 다만 조금 전부터 배의 속력이 떨어지고 있음을 미세하게나마 느낄 수 있었다.

박 중령은 서둘러 기관실로 달려갔다. 기관실에는 기관장과 대원들이 벌써 기름 범벅이 되어 수리를 위해 낑낑대며 매달리고 있었다. 이미 몇 시간 전부터 고장을 수리하기 위해 애쓴 흔적이 역력했다.

"자체 능력으로는 수리가 불가능한 대형 사고입니다. 진해의 공장으로 돌아가야만 제대로 수리할 수 있습니다."

박 중령은 답답한 마음에 절로 한숨이 나왔다. 지금 상태에서 회항한다는 것은 곧 작전의 실패를 의미했다. 배는 기관이 2개여서 비상시 한쪽만 가동되고, 그러면 배의 항해 속도는 절반으로 줄어든다. 하루 이틀은 몰라도 열흘 이상이 소요되는 항해는 불가능했다. 누구보다 작전의 중요성을 잘 아는 기관장이 회항을 건의할 정도면 군복을 벗겠다는 말과도 같았다. 그만큼 가능성이 없다는 뜻이었다.

"기관장, 진해로 되돌아갈 수는 없다. 수단과 방법을 가리지 말고 최단 시간 내에 수리해라. 절대로 포기하지 마라."

박 중령은 운명을 하늘에 맡기기로 했다. 떠나기 전 그토록 점검하고 철저히 준비했지만 예상치 못한 고장은 어쩔 수가 없었다.

갑판 위로 아침 햇살이 밝아왔다. 수리 시간은 10시간을 넘어섰다. 박 중령은 사고를 접하자마자 북한함에 있는 수송분대 지휘부에 보고한 뒤 앞으로 다가올 사태에 대한 궁리에 뜬눈으로 밤을 지새웠다. 마찬가지로 기관실 소속 장병 모두 배 밑에서 밤새 사투를 벌였다. 120마일약 192㎞을 달려야 할 배는 6노트약 11㎞ 속도로 항진한 탓에 겨우 60마일약 96㎞ 정도 나갔을 뿐이었다. 막막했다.

아침 식사도 거르고 버티던 7시경, 전화벨이 울렸다.

"함장님, 기관 수리 성공했습니다."

"그래? 정말이야? 잘했어. 정말 수고가 많았어. 기관장, 이제 대원들과 함께 좀 쉬어."

박 중령은 이날을 평생 잊지 못한다고 했다. 비록 종교를 믿지 않았지만 혹시 몰라서 가져온 성경책에 손을 올려놓고 감사의 기도를 드렸다. 박 중령은 이후 열렬한 기독교인이 되어 오늘날까지도 신앙생활을 열심히 한다고 고백했다.

정상을 되찾은 계봉함은 필리핀 서방의 수빅베이Subic Bay 근해에서부터 속도를 높여 항진했다. 파도는 잔잔하고 날씨는 쾌청했다.

늪에 빠진 남베트남 정세

같은 시간, 남베트남 수도 사이공 시내의 한국대사관은 시시각각 전해지는 남베트남 정세를 비관적으로 바라보며 최후의 카드를 준비하고 있었다.

최후의 카드란 인도적 차원에서 남베트남 난민 수송과 구호물자를 제공하기 위해 오는 대한민국 해군 LST 2척에 교민을 싣고 철수하는 것이었다. 그러기 위해서는 안팎으로 풀어야 할 과제가 너무도 많았다. 톱니바퀴처럼 꽉 짜인 일정이 조금의 오차도 없이 딱 들어맞아야 했다. 명분과 타이밍, 그리고 운이 따라야 하는 도박에 가까운 일이었다. 김영관 대사는 여기에 모든 것을 걸었다.

내가 4월 16일 항공편으로 주월남 한국대사관에 도착하자 쉴 틈도 없이 대사관 직원은 그동안의 현황을 알려줬다. 곧 도착할 해군 수송분대와 연락을 책임지고 있는 나부터 설득해야만 일이 진행될 수 있기 때문이었다.

먼저 외신 보고서를 보여주었다. 내용은 제럴드 포드Gerald Ford 미국 대통령이 남베트남에 긴급 지원을 요청하자 이에 대한 미국 정계의 반응이었다. 내용은 다음과 같았다.

포드 대통령은 4월 10일 남베트남 정부를 지원하기 위해 약 10억 달러 규모의 특별 원조안을 양원 합동회의 연설을 통해 밝혔다. 포드 대통령은 1975년 1월 3억 달러 규모의 군사원조는 북베트남의 공격 이전 상황을 가정한 상태에서 진행되었고, 3억 달러 규모의 군사원조가 불충분하였다고 평가했다. 포드 대통령이 요청한 지원안에서 7억 5,000만 달러는 군사 장비를 구입하기 위한 예산이었고, 2억

5,000만 달러는 경제적·인도적 구호를 위한 예산이었다.

의회의 반응은 싸늘했다. 상원 세입위원회 위원장인 존 맥클렐런 John McClellan 상원의원은 "미국의 원조는 남베트남의 고통을 연장시킬 뿐"이라고 논평했다. 심지어 대통령과 같은 당에 소속된 공화당 인사들도 대통령의 원조안에 부정적 의견을 내놓았다. 하원에서 공화당 의원을 이끌던 토마스Thomas 의원은 "의회가 군사 원조안에 절대 동의하지 않을 것이다."라고 단정적으로 말할 정도였다. 이로써 미국이 직접 개입하지 않으면서 원조로 남베트남을 유지하려는 계획마저 더 이상 기대할 수 없게 되었다.

"그렇다면?"

내가 보고서를 보고 반문하자 대사관 직원은 고개를 끄덕이며 대답했다.

"그렇습니다. 미국 정치권에서는 남베트남에서 완전히 손을 뗐다는 뜻입니다. 더 이상 미국은 개입하지 않습니다. 죽느냐 사느냐는 오직 남베트남의 문제입니다. 얼마나 버틸 수 있을지가 관건입니다. 그걸 지금 정확히 모르니까 철수 시기를 잡기 어려운 겁니다."

"우리는 철수를 어떻게 계획하고 있습니까?"

내가 질문하자 대사관 직원은 현재까지 대한민국 외무부와 주월남 한국대사관 사이에 오간 철수 논의를 자세히 설명했다. 다음은 그때의 논의 내용이다.

김동조 외무부 장관은 4월 15일 인도주의적 구호를 위해 추가 물품약 1,000톤을 남베트남에 수송한다는 계획을 김영관 대사에게 통보했다. 또한 구호품 하역을 마친 LST를 이용해 한국 교민을 철수시킬 수 있는지 검토하라고 지시했다.

첫째, 구호품을 추가로 수송할 LST의 도착지를 사이공항으로 할지 또는 붕따우로 할지 여부. 둘째, 사이공항으로 기착지를 정할 경우, 사이공항의 안정성 여부. 셋째, 붕따우로 기착지를 정할 경우, 붕따우-사이공 간 교통과 안정성 여부. 넷째, 철수 희망 인원 수. 다섯째, LST 도착 후 철수 인원을 집결하는 데 필요한 시간 등이다.

김영관 대사는 이에 대해 여러 가지로 고려해 볼 때 사이공이 도착지가 되어야 하며, 추가로 파견되는 LST도 사이공항에 머물 수 있다고 회신했다.

또한 "교민 수송은 LST 3척 중에서 사태 진전에 따라 본인이 선택하여 교민 철수를 지휘하겠다."고 건의했다. 만약 교민 철수용 선박 결정을 대사에게 위임하면 "주재국과의 문제는 현지에서 협조하여 해결하겠다."고 말했다. 언제든지 긴급사태가 발생할 수 있는 개연성이 높고 베트남 외무성이 제대로 작동하지 않는 상황에서 본부_{외무부}를 경유하면 문제해결이 늦어질 수 있으니 현지 대사의 판단에 맡겨달라는 의견이었다.

나는 이러한 현지 상황에 대한 설명을 듣고 주월남 한국대사관의 LST를 통한 교민 철수 의지를 확고히 엿볼 수 있었다. 초기의 '십자성 계획'이 '십자성 작전'으로 전환되어 본격 가동에 들어갔다는 뜻이었다.

내가 남베트남에 도착한 4월 16일에는 군사적 상황이 한층 악화되고 있었다. 그동안 사이공으로 가는 길목의 쑤엉록에서 북베트남군의 공세를 잘 막아내던 남베트남군이 끝내 무너진 것이었다. 북베트남 포병이 비엔호아Bien Hoa 공항을 폭격하는 과정에서 남베트남 공군기 F-5 6대와 A-37 14대가 파괴되었다. 공군의 지원으로 근근이 버티던 남베트남 지상군은 더 이상 저항할 방법을 찾지 못하고 후퇴할 수밖에 없었다. 남베트남군 중 유일하게 18사단만이 비엔호아 방향으로 철수하며 전투력을 유지하고 있었다. 이제 수도 사이공은 사방으로부터 조여오는 북베트남군의 포위망에 꼼짝없이 갇혀버렸다.

이날 오후 5시, 대한민국 외무부에서는 베트남 교포 긴급 철수계획을 협의하기 위한 정부 실무자급 회의가 열렸다. 김정태 정무차관보가 회의를 주재했다. 외무부에서 아주국장, 경제기획원에서 예산국장, 국방부에서 군수국장, 법무부에서 출입국 관리국장, 재무부에서 관세국장, 보건사회부에서 의정국장과 사회국장, 교통부에서 항공국장이 참석했다.

각 부처별로 교민 철수와 관련된 업무가 할당됐다. 이 중 주월남 한국대사관에는 다음과 같은 임무가 할당되었다. 첫째, 승선자에 대한 승선확인증 발급. 둘째, 승선 인원 현황 및 내역 작성. 셋째, 항공기 철수자에 대한 베트남 철수 증명서 발급. 넷째, 여권, 여행 증명서 및 비자 조치. 다섯째, 교민의 일시 귀국 종용 등이다.

주월남 한국대사관은 4월 17일 아침부터 사이공에 거주하는 모든 한국 교민을 대상으로 철수 의사를 재확인하는 작업을 벌였다. 매번 조사할 때마다 교민의 숫자가 들쑥날쑥했다. 자비로 출국하겠다고 의사를 밝혔다가 돈이 없다고 떼를 쓰거나, 거짓 신고, 미신고, 신고 기피 등 여러 가지로 속 썩였다.

대사관은 이러한 상황을 종합적으로 고려해 볼 때, 한국 교민 약 400명과 이들의 동반 가족 약 400명이 자비로 철수할 수 없다고 추정했다. 이들은 경제적 능력이 부족해 출국할 수 없거나, 동반 가족과 함께 출국이 보장되지 않으면 남베트남에 눌러앉으려고 했다. 한국 정부가 제공하는 무료 수송편이 마련되지 않으면 이들 대부분은 공산화된 남베트남에 남을 수밖에 없었다. 이들을 방치할 수는 없었다.

이날 김영관 주월남 한국대사는 남베트남 재무상을 방문했다. 한국 교민의 출국 수속에 필요한 납세필증을 면제해 달라고 요청하기 위해서였다. 한국 교민 가운데 불법체류자는 남베트남 당국의 납세필증을 받을 수 없었기 때문에 정상적인 출국 수속을 밟아 철수할 수 없었다.

이 자리에서 남베트남 재무상은 납세필증과 관련된 문제를 충분히 이해할 수 있다고 화답했다. 그는 한국대사관이 한인 철수자의 명단을 작성해 제출하는 안을 제시했다. 제출 명단에 있는 한국 교민에게는 면세 처분을 내려 납세필증을 일괄적으로 받을 수 있도록 조치하겠다고 약속했다.

김영관 대사는 남베트남 재무상에게 거듭 감사의 뜻을 표하며 가슴을 쓸어내렸다. 한고비를 넘긴 셈이었다. 한국 교민을 해군의 LST에 태워 사이공을 탈출시키기 위해서는 아직도 첩첩산중의 관문을 통과해야 했다. 그러나 돌아가는 발걸음은 한결 가벼웠다.

1975년 4월 19일

목적지 변경 속 폭발 사고

해군 특수수송분대가 남베트남의 나트랑 부근 해상에 도착했을 때는 4월 19일 오전이었다.

이날 계봉함 함장인 박인석 중령은 전날 "목적지 다낭, 베트콩에 함락. 나트랑으로 입항지 변경."이라는 무전을 받고 긴급히 항해 계획을 수정했다.

박 중령은 목적지가 가까워지는데 입항지가 바뀌자 당황했다. 남베트남의 정세가 빠르게 기울고 있다는 뜻이었다. 그는 출항 전부터 수없이 봐 온 베트남 지도를 다시 들여다보며 나트랑에 붉은 원을 그렸다.

오늘날 천혜의 관광지로 각광받는 나트랑은 사이공에서 약 450㎞

떨어진 항구도시였다. 나트랑은 베트남 중부 지역인 다낭 남쪽에 있는 중간 기착지로, 다낭 등지에서 몰려온 난민을 태워 이송하라는 명령이었다.

박 중령은 이날 오전 입항 준비를 마치고 오후에 LMGLight Machine Gun, 경기관총 사격훈련을 지시했다. 이미 베트남에 안전지역이 없는 긴박한 상황인 만큼 상륙에 앞서 대테러 훈련은 필수였다.

총신이 하늘을 향해 입을 벌리고 사격태세에 들어간 장병들이 각자의 위치에서 함장의 명령을 기다렸다. 박 중령은 언제나처럼 함교의 LMG 옆에 서서 발사 신호를 위해 천천히 손을 올렸다.

"퍼엉!"

순간 요란한 폭발음이 귀청을 울렸다. 갑판이 충격으로 와르르 떨렸고, 희뿌연 화약 연기 속에 한 대원이 단말마의 비명을 질렀다. 사수인 김의배 중사가 피투성이가 되어 갑판 위를 뒹굴었다. 화약 냄새가 코끝을 스쳤다.

아수라장이 된 갑판 위로 부장과 군의관이 쏜살같이 달려왔다. 피를 철철 흘리는 사수를 들것에 실어 신속히 의무실로 옮겼다.

함장은 한동안 김이 모락모락 피어오르는 총신을 보며 이게 무슨 일인가 싶어 고개를 갸웃거렸다. 나중에 확인한 결과 사고는 탄약이 약실에서 자체 폭발한 것이었다. 불안전한 무기가 생목숨을 잡을 뻔했다. 장비 점검을 아무리 철저히 해도, 사고는 예기치 않게 발생하기 마련이었다.

박 중령도 군복에 덕지덕지 붙은 핏자국 때문에 주위의 권유로 뒤늦게 의무실로 갔다. 다행히 그는 아무 이상이 없었다. 하지만 사수는 고환에 파편이 박히는 부상을 입었다. 군의관은 응급처치를 해서 환자의 생명에는 지장이 없으나, 사이공에 입항하자마자 파편 제거 수술을 해야 한다고 보고했다. 함장은 일단 최악의 상황만은 피했다는 생각에 안도의 한숨을 내쉬었다.

수송분대 지휘부에 사고 상황을 보고하고, 나트랑에 입항하려는 순간 또다시 전문이 날아왔다.

"목적지 나트랑, 남베트남 군대 퇴각. 사이공으로 입항지 변경."

미국대사, 한국에 철수계획 통보

이날 한국의 김동조 외무부 장관은 리처드 리 스나이더Richard Lee Sneider 미국대사의 갑작스러운 방문에 깜짝 놀랐다. 토요일 오전임에도 불구하고 미국대사관은 스나이더 대사가 직접 설명할 사안이 있다면서 김동조 장관과 면담 시간을 잡았다. 점심시간인 12시 40분에 장관 집무실로 미국대사가 찾아왔다. 극히 이례적인 일이었다.

스나이더 대사는 시급한 사안이라며 식사도 건너뛰고 북미 1과장의 안내를 받으며 장관 집무실에 들어섰다. 허위츠Hurwitz 참사관이 스나이더 대사를 수행했다.

스나이더 대사는 간략한 인사말을 전한 뒤 미국 정부로부터 긴급 훈령을 전달하기 위해 왔다며 본론으로 들어갔다. 스나이더 대사가 전한 미국의 긴급 훈령 내용은 다음과 같았다.

미국 정부는 남베트남인들의 철수를 위해 비상 작전에 돌입했다. 미국은 이들 피란민을 수용하기 위해 한국 내 미군 기지를 사용하고자 한다. 이에 대한 한국 정부의 동의를 요청하며, 아울러 한국의 기지 시설 및 편의 제공을 한국 정부에 공식 요청한다. 상기 요청 내용은 남베트남 정부 및 언론에 대해 절대 비밀 유지를 요청한다. 남베트남이 이를 알게 되면 사기가 떨어질까 우려된다.

이에 김동조 장관은 스나이더 대사에게 비상 작전의 세부 사항을 물었다. 스나이더 대사는 피란민 구성과 수용 기간에 대해선 모호하게 답변했다. 피란민에는 민간인과 군인이 포함되며, 피란민 수용 기간은 6개월 미만으로 예상한다고 설명했다. 피란민의 영주 문제에 대해서는 "한국 정부가 먼저 그 용의를 표명하지 않는 한, 한국에서 영주하게 하도록 요청하지는 않을 것"이라고 강조했다. 이어 "만약 피란민 수용을 한국이 허용할 경우, 주택 시설과 음식 제공이 필요하며 비용은 미국 정부에서 부담할 것"이라고 부연했다.

김동조 장관은 미국 정부가 한국에 있는 미군 기지만 남베트남 피란민 수용시설로 사용하는 것을 요청하는지 확인을 요구했다. 스나이더 대사는 한국, 일본, 대만, 태국, 말레이시아, 인도네시아, 싱가포르, 필리핀에도 동일한 요청을 했다고 설명했다.

김동조 장관과 스나이더 대사와의 만남은 불과 20분 만에 끝났다. 김 장관은 황급히 되돌아가는 미국대사의 뒷모습을 보며 사태가 심각함을 직감했다. 미국의 남베트남 난민 철수를 위한 사전 협조는 미국이 남베트남을 포기했다는 확실한 증거였다. 그렇다면 한국 정부는 이제 남베트남의 한국 교민 철수를 서둘러야 했다.

"비서, 지금 즉시 월남의 김영관 한국대사에게 전화 연결하게."

LST 입항, 사이공으로 변경 요청

이날 남베트남 사이공의 한국대사관은 아침부터 폭주하는 업무로 도떼기시장처럼 와자지껄했다.

해군 연락장교로 파견된 나는 점심이 끝나자마자 세 가지 업무 진행 사항을 해군 참모총장에게 긴급 전문으로 보고했다. 그 내용은 다음과 같았다.

첫째, 한국 해군의 LST는 사이공 뉴포트항으로 입항이 순조롭게 진행될 수 있다. 그 이유는 사이공항과 주변 지역이 아직 안전하고, 남베트남 정부와 해군이 적극 협조하기로 합의했기 때문이다. 둘째, 구호품 전달식은 4월 22일 오후 4시에 거행될 예정이다. 셋째, 특수통신반을 주월남 한국대사관에 배치할 예정이다. 이는 김영관 대사의 요청으로, 대사관과 한국 LST 함정과의 긴밀한 연락을 위한 조치이다. 특수 통신반은 5인으로 구성되며, 이들은 미국이 제공하는 비상 철수계획에 포함된다.

나는 전문을 보낸 뒤 정신없이 바쁜 대사관 직원들의 일손을 도왔다. 이날 한국 외무부에서는 주월남 한국대사관이 오랫동안 준비했던 항공기전세기를 통한 철수계획을 실행할 수 없게 되었다고 최종 통보했다. 이 바람에 대사관은 후속 대책 마련에 골몰했다. 이제 자비로 귀국할 능력이 없는 교민은 오직 해군 LST에 승선시켜 철수시키는 방안만이 남았을 뿐이었다.

이날 오후 김영관 대사는 본국의 김동조 외무부 장관과 장시간 통화했다. 김 장관은 김영관 대사에게 두 가지 사항을 위임했다.

첫째, LST의 기항지가 붕따우로 되어 있지만, 사이공항으로 변경할 필요가 있다면 현지에 파견된 연락장교이문학 중령와 협의 후 결정할 것. 둘째, 총 LST 3척 가운데 교민 철수를 위하여 활용할 군함을 선정하는 과제도 현지 대사의 재량에 맡기니 알아서 할 것.

김동조 장관은 교민 철수가 신속히 이루어질 수 있도록 김영관 대사에게 재량권을 부여했다. 따라서 4월 17일 부산을 출항한 세 번째 해군 LST가 교민 철수용으로 마련되었지만, 상황이 급박하면 앞서 떠난 LST 2척도 교민 철수용으로 바뀔 수 있었다.

김영관 대사는 김동조 장관과의 통화가 끝나자마자 나를 불러 상황을 설명했다. 가장 먼저 해야 할 일은 나트랑으로 입항할지 모르는 LST 2척의 입항지를 사이공 뉴포트항으로 변경하는 것이었다.

나는 급하게 수송분대와 교신을 취하고 있는 대한민국 해군에 전문을 보냈다.

"목적지, 사이공 외항 붕따우."

1975년 4월 21일

해군 수송분대, 사이공 외항 도착

남국의 강렬한 햇살이 한풀 꺾일 무렵인 오후 3시경, 해군 수송분대 LST 2척은 마침내 사이공의 관문인 메콩강Mekong River 입구에 도착했다.

탁한 메콩강 물줄기 위로 열대지방의 후끈한 열기가 바람에 실려 갑판을 무겁게 짓눌렀다. 4월 9일 부산을 출항해 12일간 쉬지 않고 달려온 함정에서 닻을 내리자, 검푸른 강물이 쇠로 된 닻줄을 팽팽히 잡아당겼다. 갑판 위의 장병들은 목적지에 도착했다는 안도감에 삼삼오오 모여 주위의 이국적 풍광을 감상하며 담소를 나누었다.

수송분대가 도착한 곳은 수도 사이공의 외항인 붕따우항이었다. 붕따우에서 최종 목적지인 사이공항까지는 꾸불꾸불한 메콩강 수로

1975 사이공 대탈출

를 따라 약 50마일 떨어져 있었다.

이곳에서 구호 물품을 하역한 뒤 남베트남 난민을 태울지, 아니면 하루를 묵고 내일 사이공의 군항인 뉴포트항으로 입항할지를 결정 짓지 못한 채 투묘投錨한 상태였다.

나는 해군 수송분대가 붕따우에 곧 도착한다는 연락을 받고, 대사관의 무관인 정영순 대령과 안내를 맡은 남베트남 트롱 해군 중위 등과 함께 고속경비정을 타고 수송분대를 방문했다.

기함인 북한함에 오르자 반가운 얼굴들이 환하게 웃으며 환대했다. 사령관인 권상호 대령, 참모장 정홍석 중령, 동기인 계봉함장 박인석 중령, 1년 후배인 북한함장 이윤도 중령 등은 십수 일에 걸친 항해로 얼굴이 푸석해 보였지만 임무 수행에 대한 의지로 똘똘 뭉쳐 있었다.

이들은 남베트남의 상황에 대해 궁금한 듯 질문을 쏟아냈고, 나와 정영순 대령은 답변에 진땀을 흘려야 했다. 그만큼 남베트남의 상황은 위급했으며, 앞으로의 정세에 대해서는 누구도 확신할 수 없을 만큼 복잡했다.

나는 이 자리에서 권상호 사령관에게 슬쩍 계획이 변경되었음을 알렸다. 붕따우에서 남베트남 난민을 태우는 대신, 사이공 뉴포트항에서 교민들을 싣고 철수한다는 김영관 대사의 계획을 언급했다. 권상호 사령관은 작은 고갯짓으로 수긍의 뜻을 나타냈다.

나와 정영순 대령은 트롱 중위를 수송분대에 남겨놓고 짧은 업무

협의를 마친 뒤, 대사관에서 처리해야 할 일이 산적해 있었기에 서둘러 되돌아갔다.

김영관 대사의 승부수, '위장 철수'

김영관 주월남 한국대사는 이날 이른 아침부터 고뇌의 시간을 보내야 했다. 이틀 전 본국의 김동조 외무부 장관으로부터 "수송분대 LST의 기항지가 붕따우로 되어 있지만, 사이공항으로 변경할 필요가 있다면 현지 대사가 판단해 결정하라."는 권한을 위임받았기 때문이다. 그러나 상황을 잘 수습할 수 있을지는 자신할 수 없었다.

김 대사는 사이공에 몰려든 교민들이 다시 붕따우까지 육로로 이동하는 것은 매우 위험하다는 것을 잘 알고 있었다. 그렇다고 인도적 차원에서 구호품을 싣고 온 한국 해군 LST가 사이공에 있는 우리 교민들을 철수시키기 위해 베트남 피란민들을 붕따우에서 철수시킬 수 없다고 공식적으로 말할 수도 없었다. 속이 바짝 타들어 갔다.

"따르릉"

이때 대사 사무실로 전화벨이 울렸다. 수화기를 들자, 남베트남 정부 관계자였다. 한국 해군 군함이 오늘 붕따우 외항으로 도착한다는 것을 알고, 즉시 구호물자를 붕따우에 하역하고 바로 피란민을 태워 푸꾸옥섬으로 철수시켜 달라는 요청이었다.

김 대사는 정신이 번쩍 들었다. 푸꾸옥은 캄보디아 연안에서 최단 거리가 10마일밖에 안 되는 섬으로, 이미 다낭 등에서 온 피란민들로 가득했다. 그곳으로 가는 순간 교민 철수작전은 물 건너가는 셈이었다. 순간 김 대사의 머리에 묘안이 떠올랐다.

"구호물자 하역 장소가 변경됐다. 내일 사이공 뉴포트항에서 남베트남 보건사회부 주관으로 구호품 전달식이 예정되어 있다. 따라서 일정상 붕따우에서 하역할 수 없다. 또한 사이공 뉴포트항에서 남베트남 VIP 난민들을 태울 예정이니 참고하기 바란다."

수화기 속 남베트남 정부 관계자는 잠시 침묵하더니 이내 감사하다고 거듭 사의의 뜻을 표한 뒤 전화를 끊었다.

하루가 다르게 북베트남군이 사이공을 조여오는 마당에 붕따우에서 한국 군함이 안전하게 물자를 하역하고 난민들을 태울 수 있으리라는 보장은 없었다. 그런 점에서 사이공 군항이 더 안전했고, 그곳에서 VIP 피란민들이 승선한다면 남베트남 정부로서는 더 바랄 것이 없는 조건이었다.

김 대사는 전화 통화가 끝나자마자 나와 무관 정영순 대령을 불렀다. 그리고 붕따우로 해군 LST가 오면 방문해 자신의 계획을 수송분대 지휘부에 잘 설명하고 협조를 구하라고 당부했다.

이날 김영관 대사는 온종일 동분서주했다. 하나를 해결하면 또 하나를 해결해야 하는 고된 일정이었다. 그에게는 남베트남 교민들의 안위가 가장 큰 숙제이자 대사로서 해야 할 당연한 책무였다.

김 대사는 남베트남 교민이 본국으로 귀국하지 않고 제3국으로 가는 경우에도 모른 척하지 않았다. 제3국의 해당 공관장이 이들이 취업할 수 있도록 도움을 달라는 요청을 모든 재외 공관장에게 발송했다. 김 대사는 남베트남에서 철수하는 교민을 "이곳 사태 악화로 인해… 개인 재산 등을 희생하고… 철수하는 사람"이라고 표현하며 도와줄 것을 호소했다.

나와 정영순 대령이 해군 수송분대와 만나 업무협조를 마치고 돌아오자 김 대사는 본국의 국무총리 지시가 떨어진 전문을 보여주었다. 다음은 국무총리 지시 주요 내용이다.

김종필 총리는 한국 교민과 동거하는 남베트남인과 2세를 철수 대상에 포함해야 할지 여부에 대해 단안을 내렸다. 김 총리는 "실무적으로 왈가왈부하지 말고, 베트남 대사가 필요하다고 생각하면 그대로 처리하라."며 "이 문제는 주월 대사에게 위임하라."고 지시했다.

대한민국 정부는 교민 철수 사안에 대해 전적으로 현지 대사에게 절대 권한을 부여한 것이었다. 김영관 대사가 작은 보상이라도 받은 듯 희미한 미소를 짓자, 나 또한 '십자성 작전'의 성공을 기원하며 작은 미소로 화답했다.

이날 오후 7시 44분경, TV에서 긴급 뉴스가 방송되자 사이공의 한국대사관은 술렁거렸다. 남베트남 티우 대통령이 '작전상의 실패와 국민의 막대한 희생에 대한 책임, 피란민 구호 곤란으로 국민 원성 고조'에 따라 하야한다는 보도였다. 방송은 이어 짠 반 흐엉Tran Van Huong 부통령이 직무를 대행한다고 전했다.

상황이 또다시 급변했다. 대사관은 곧바로 대책 수립에 들어갔다. 군사 정세를 판단한 정영순 대령은 "북베트남군이 현재 동·서·북쪽의 3개 방향에서 사이공을 포위하고 진격 중"이라며 "사이공에서 밖으로 빠져나갈 수 있는 안전한 통로는 사이공항으로부터 남하해 남지나해에 이르는 수로뿐"이라고 분석했다.

이어 다방면으로 정보 채널을 갖고 있는 이대용 공사는 "티우 대통령이 하야한 실제 이유는 북베트남 측이 평화회담 개최의 전제조건으로 남베트남의 반공주의자인 티우 대통령의 하야를 미국 측에 요구했기 때문"이라고 주장했다.

나는 남베트남의 정세가 붕괴 일보 직전까지 이르렀다고 판단했다. 그렇다면 먼저 도착한 LST 2척에 공관원과 교민들을 한꺼번에 실어 보내고, 나중에 출항한 LST덕봉함는 도중에 회항시키는 방안도 수립할 필요가 있다고 생각했다.

자정이 가까웠지만, 사이공의 한국대사관은 대낮처럼 환하게 불을 밝혔다. 대사관 직원들은 시시각각 조여오는 위기에 대응하기 위해 두 눈을 부릅뜨고 방안 모색에 골몰했다.

1975년 4월 22일

한국 해군, 남베트남에 구호품 전달

한국 해군의 수송분대 LST 2척은 4월 22일 6시 무렵, 날이 밝자마자 붕따우에서 사이공 뉴포트항을 향해 조심스럽고 무거운 항해에 나섰다.

"전 대원 전투태세 유지."

수송분대 사령관인 권상호 대령의 명령이 떨어지자 LST 2척의 장병들은 바짝 긴장하며 마른침을 삼켰다.

전날 안내를 위해 탑승한 남베트남 해군 트롱 중위는 "메콩강 수로는 공산 게릴라의 준동으로 위험한 상태"라며 "강 유역에 기뢰가 부설되어 있고, 강변의 정글에 베트콩이 매복해 불시에 기습당할 수 있다."고 불길한 정보를 제공했다. 미국 유학생 출신인 남베트남 트롱 중위의 말을 어느 정도까지 믿어야 할지 알 수 없었지만, 철저히 대비해서 나쁠 일은 없었다.

수송분대 LST 2척은 사주 경계를 하며 꾸불꾸불한 메콩강 50마일을 천천히 거슬러 올라갔다. 탁한 메콩강의 강물이 시야에 들어왔다. 하지만 장병들 모두 남국의 정취를 즐길 여유 없이 경계에 눈을 떼지 못했다.

LST의 속력은 6노트를 유지했다. 적이 공격한다면 표적물이 되기 좋은 속도였다. 불안과 초조함 속에서 장병들의 신경은 바짝 곤두서 있었다.

"꽝! 꽝!"

사이공항에 다다를 무렵, 어디선가 포성이 터지고 검은 연기가 하늘 높이 치솟았다. 함 장병들은 위험지역에 들어왔음을 실감하며 긴장의 끈을 바짝 조였다.

해군 수송분대 LST 2척은 6시간의 항해 끝인 12시경, 사이공 북쪽의 군항인 뉴포트항에 무사히 입항했다. '휴' 하며 한숨을 내쉬는 장병들의 군복은 온통 땀으로 젖어 있었다.

주변 부두는 아수라장이었다. 정박 중인 외국 상선에 피란민들이 서로 승선하려고 아귀다툼을 벌이며 장사진을 이루었다. 오랜 항해 끝에 도착한 사이공 뉴포트항에 대한 장병들의 첫인상은 이곳이 전쟁터라는 사실이었다.

해군 수송분대는 이날 오후 4시경, 192만 달러 상당의 구호물자 전달식을 기함인 북한함 함상에서 가졌다. 전달식에는 김영관 주월남 한국대사, 남베트남 보건사회부 차관, 남베트남 보도진 10여 명, 교민 대표 10여 명이 참석했다.

전달식이 끝난 후, 남베트남 정부에서는 한국 해군에 대한 훈장 수여식을 거행했다. 총 6명에게 남베트남 정부의 훈장이 수여됐는데, 수상 대상과 훈격은 다음과 같았다.

사회복지장 1급 - 한국 해군 김대용 준장, 이문학 중령
사회복지장 2급 - 한국 해군 권상호 대령, 정홍석 중령, 박인석 중령,
이윤도 중령, 한국대사관 김창근 2등서기관, 김기원 공보관

이날 훈장을 받은 장병 대부분은 어쩌면 남베트남 정부가 패망하기 전 수여하는 마지막 훈장이 될지 모른다는 생각에 마음이 복잡했다. 남베트남의 안위가 풍전등화인데 이런 행사 자체가 무슨 의미가 있겠는가 싶으면서도 진지하게 행사 격식을 따랐다.

수송분대와 대사관 통신망 가동

김영관 대사는 구호품 전달식과 훈장 수여식이 끝나자, 멀리서 온 고국의 수송분대 지휘관과 참모들을 대사관으로 초청해 조촐한 만찬

자리를 마련했다.

이때 나는 LST를 타고 온 대사관 파견 통신대원들과 만나 함께 이동했다. 통신사 변종건 중사와 전자사 김형태 중사는 대사관 통신실 옆에 마련된 공간에 본국에서 가져온 AN/vrc-46단파 송수신기 1대와 AN/urc-58중파 송수신기 1대를 각각 설치했다. 이로써 종전에는 본국의 해군본부를 거쳐야만 했던 불편함에서 벗어나 대사관과 수송분대 간에 직접 연락을 취할 수 있는 통신망을 가동하게 됐다.

처음에는 연락장교인 내 휘하에 파견 요원으로 9명이 편성되어 있었다. 그러나 최소한의 인원으로 줄이자는 수송분대 지휘부와의 상의 끝에 나를 포함한 3명만이 대사관에서 상주하기로 합의했다.

이날 김영관 대사는 만찬 자리에서 "현재 사이공에 머물러 있는 한국 국민과 교포를 구출하는 일이 급선무이며, 친 한국계 월남 피란민을 그다음으로 수송해야 한다."고 강조했다.

김 대사는 이어 베트남전에 참전한 뒤 베트남에 남아 가정을 꾸린 한국인이 많으며, 대사관의 철수도 시급하다고 설명했다.

해군 수송분대 지휘부는 만찬이 끝나자마자 서둘러 군함이 정박하고 있는 항구로 되돌아갔다. 만찬 도중 대사관 창문 너머로 요란한 폭음 소리와 검은 연기가 치솟아 올라 마음이 불편했기 때문이었다. 지체할 시간이 없었다.

LST 함에 도착한 수송분대 지휘부는 곧바로 내일부터 진행될 하역 작업과 교민 승선에 관한 대책을 마련하기 위해 회의에 들어갔다.

사이공에서의 첫날 밤은 어둠 속에 깊이 파묻혀 갔지만 항구에 정박한 한국 해군의 군함은 쉽게 잠들지 못하고 밤새 희미한 불을 밝혔다.

1975년 4월 23일

한국 해군, 사이공서 구호물자 하역

한국 해군 수송분대는 아침 햇살이 밝아오자마자 분주하게 움직였다. 사이공 뉴포트항 부두는 화물을 실어 내리려는 화물차와 인부들이 뒤섞여 북새통을 이루었다.

부두의 인부들은 남베트남 보건사회부에서 파견된 노무자들이었다. 그러나 이들 중 얼마나 베트콩의 첩자로 신분을 속인 채 일하러 왔는지는 누구도 확인할 수 없었다.

이에 수송분대 지휘부는 "하역 인부들의 휴대품과 몸수색을 철저히 하라. 그리고 완벽하게 출입을 통제하라."고 지침을 내렸다.

해병대 QRF 대원들이 완전 무장을 한 채 LST 화물 창고와 함 주변에 배치되었다. 장병들이 삼엄하게 경계에 나서자 술렁이던 남베트남 인부들은 겁에 질린 표정으로 점차 질서를 지키며 정돈된 모습을 보였다.

낡은 베트남제 트럭들이 군함의 화물 창고로 들어와 구호품을 하나둘 실어나갔다. 하역 작업은 대략 3~4일 정도 소요될 듯싶었다. 수송분대 지휘부는 처음에는 하역 작업이 너무 빠르게 진행되지 않기를 바랐다. 김영관 대사와 교민 승선 일자를 4월 26일로 맞췄기 때문이었다.

그런데, 남베트남 노무자들의 작업 속도는 느려도 너무 느렸다. 하루가 지나도록 하역량은 전체의 10%에 불과했다. 장병들이 보기에 인부들의 행동은 이상하리만치 여유롭고 천연덕스러웠다.

심지어 어떤 인부는 손에 생긴 작은 찰과상을 치료해 달라며 생떼를 썼다. 그러면 다른 인부들이 우르르 몰려와 일손을 놓고 그 장면을 구경했다. 전쟁 중이라 다급해야 할 국민의 모습이라고는 도저히 이해할 수 없는 일이었다.

참다못해 작업을 독려하던 계봉함 작전관은 "인부들이 의도적으로 하역을 지연시키는 것 같다."며 분통을 터뜨리며 지휘부에 보고했다.

하역 못지않게 급한 것은 식수와 유류 수급이었다. 그런데 웬일인지 남베트남 해군의 반응이 영 시원치 않았다. 그러더니 사정이 여의치 않다며 보급 지원이 불가하다고 통보했다.

극심한 혼란을 겪고 있는 남베트남에서 식수와 유류가 없다면 항구에 정박한 수송분대 LST 2척은 오갈 데 없는 허수아비에 불과했다. 갈수록 분위기는 심각해졌고, 마음은 다급해졌다. 그러나 지원을 약속한 남베트남 해군은 천하태평이었다.

"물과 기름을 수급받지 못하면 구호품도 하역할 수 없다."

수송분대 지휘부는 참다못해 남베트남 해군에 으름장을 놓고 반응을 기다렸다. 사실 남베트남 해군은 제 코가 석 자였다. 행정체계가 거의 마비될 정도로 엉망이었고, 자기들 사이에서도 담당자가 누구인지조차 파악하기 어려웠다. 위계질서도 무너져 지시가 제대로 전달되지 않았다.

수송분대 지휘부는 남베트남 해군의 반응을 기다리다 어쩔 수 없이 잔꾀를 썼다. 방법은 뇌물이었다. 화물 담당 장병이 적재한 구호품 중에서 라면 상자를 꺼내 남베트남 해군 관계자들에게 뿌렸다.

효과는 바로 나타났다. 그렇게 지지부진 끌던 식수가 육상으로부터 공급됐고, 유류를 가득 실은 바지선도 어디선가 나타났다. 누군가 식수의 질이 좋지 않다고 보고했지만, 곧 망할지도 모르는 나라에서 제공하는 식수의 질을 따질 계제가 아니었다. 한고비를 넘겼다는 점에 그저 감사할 따름이었다.

수송분대가 뉴포트항에 입항해서 좋은 일도 있었다. 계봉함에서 LMG 사격훈련을 하다 고환을 다쳤던 장병이 이곳 병원에서 파편을 제거하는 치료를 받고 무사히 복귀한 점이었다.

하역 작업이 한창 진행될 무렵, 부두 맞은 편에 위치한 미군 씨맨

클럽이 철수하기 시작했다. 주인은 어차피 버리고 갈 물건들이라며 담배나 술을 염가로 팔기도 해 남베트남 해군과 일반인들이 몰려들어 북적거렸다.

수송분대 지휘부는 한국 해군 장병들이 혹시라도 그곳에서 물건을 사다가 충돌이나 마찰이 벌어질 것을 우려해 일체 출입을 금지했다.

뉴포트항 아래쪽 부두에서는 커다란 미국 상선에 난민들이 장사진을 이루면서 서로 다투어 승선하고 있었다. 그들은 자기 조국인 남베트남을 버리고 어디론가 가기 위해 몸부림쳤다. 멀리서 그 모습을 바라보던 수송분대 일부 장병들은 6·25전쟁 당시 우리가 겪었던 참상이 연상된다며 무거운 마음으로 입술을 깨물었다.

이날 저녁, 수송분대 지휘부는 첫날 하역 작업이 너무 느리게 진행되는 것에 대해 대책회의를 가졌다. 이때 남베트남 정보기관에서 깜짝 놀랄 첩보를 전해 주었다. 한국 해군의 하역 작업에 동원된 일부 인부들이 계획적으로 작업을 지연시켜 군함을 부두에 묶어 놓은 뒤 나포할지 모르니 주의하라는 내용이었다.

문제는 인부 속에 신분을 감춘 그들을 찾아낼 수도 없고, 찾아낸다 해도 처벌할 방법이 없다는 점이었다. 그렇다고 하역 작업을 포기할 수도 없는 노릇이었다.

한참 회의가 무르익을 무렵 또 다른 첩보가 들어왔다. 아침부터 하역된 구호품 일부가 사이공 시내 시장에서 버젓이 판매되고 있다는 내용이었다. 기가 막혔다. 첩보의 내용을 백 퍼센트 신뢰할 수는 없다고 하더라도 전혀 근거 없는 이야기도 아닌 듯싶었다.

이미 남베트남 정권은 겉껍데기만 남았을 뿐 사회 곳곳은 뿌리째 흔들리고 있었다. 남베트남 정부 지도자들(대통령, 수상, 고위 장성 등)은 이미 가족들을 제3국에 피신시키고 망명 준비를 끝마쳤다는 소문이 파다했다.

수송분대 지휘부는 시커멓게 속을 태우며 이런저런 방안을 쥐어짜면서 밤을 꼬박 지새웠다.

남베트남인들의 탈출 타진

한국 해군의 LST가 아침 일찍부터 하역 작업을 벌일 무렵, 사이공의 한국대사관도 남베트남인들의 전화 문의로 이날 온종일 북새통을 이루었다.

사이공항에 정박 중인 한국 LST 함정이 일부 베트남인들을 태우고 탈출한다는 소문이 어느새 파다하게 퍼져 있었다. 전날 남베트남 보건사회부 관계자들이 구호품 전달식을 가졌다는 소식이 지역 언론매체에 보도된 탓도 있었지만, 대부분 남베트남 정부 관계자에게 귀동냥으로 전해 듣고 전화한 것이었다.

이날 아침 대사관이 업무에 들어가자마자 현지 베트남인들은 앞다투어 긴급 피난에 대해 타진해 전화통에 불이 날 정도였다. 직접 대사관을 찾아와 문의하는 사람들도 적지 않았다.

남베트남 외무성 영사국 교민과장인 응우옌 후 둑Nguyen Huu Duc
은 대사관을 방문해 한국대사관의 공관원이 긴급 철수할 때 자신도
철수자 명단에 포함해 달라고 부탁했다. 1969년부터 1973년 사이
주한 베트남대사관에서 근무한 바 있는 둑은 부인이 한국 여성이었
다. 그의 부인은 이미 한국으로 피난을 떠났다고 했다. 남베트남 외
무성을 비롯해 정부 관계자들 사이에선 이미 각자 살길을 모색하고
있었다.

오후가 되자 한국대사관의 현지 고문 변호사와 여성 변호사 등
2명이 대사관을 방문해 사이공 함락이 임박한 만큼 한국으로의 피
난을 문의했다. 이들은 자신들이 한국대사관에서 활동한 이력으로
인해 사이공이 함락되면 붙잡힐 수 있으니 한국 LST 함정 편으로 자
신과 가족들의 피난을 요청했다.

남베트남 정보부 인사들도 한국대사관 공관원 및 교민 철수 시 자
신들도 피난할 수 있도록 도움을 요청했다. 정보부 정보분석국장인
뚜이Thuy는 자신과 가족은 물론 부하직원 2명의 피난을 부탁했다.

이날 저녁, 한국의 김동조 외무부 장관이 주월남 한국대사관에 긴
급 지침을 전했다. 김동조 장관은 한국대사관 공관의 업무량과 사태
의 긴박성을 감안해 공관원의 단계적 철수를 실시하라고 지시했다.
이어 한국 교민이 가능한 한 자비로 신속히 출국하도록 적극 지도할
것을 당부했다.

1975년 4월 24일

해군 장병, 하역 작업 투입

해군 수송분대 지휘부는 아침이 밝아오자마자 전날 회의 결과에 따라 하역 인부를 추가로 투입했다. 남베트남 정세가 시시각각 악화일로를 걷고 있어 빠르게 하역을 끝내야만 했다.

이날 오전 9시 30분경, 함정 장병 160명과 교포 40명이 하역 작업에 투입됐다. 동시에 권상호 수송분대 사령관은 각 함정에 자체 방어태세를 강화하라고 지시했다. 북베트남군 전투 병력이 이미 사이공 시내에 잠입했다는 정보에 따른 것이었다.

남베트남 해군 작전참모부에서 보낸 정보에 따르면, 북베트남 군대는 물론 베트콩 특공대Sapper의 기습 공격이 예상되는 만큼 각별한 주의가 요구된다고 했다.

수송분대 지휘부는 적이 공격 방법으로 소형 선박을 이용하거나 몰래 수영을 통해 폭탄이나 수류탄을 투척할 가능성이 있다고 예상했다. 이에 따라 적의 수중 접근을 차단하기 위해 주야간 경계를 강화하고 보초에게 호각을 지참시켰다. UDT 대원들은 물 밑에서 경계하고 야간에는 5분마다 수류탄을 함미 양쪽에 정기적으로 투척했다.

수류탄을 수중에 투척하는 전술은 계봉함 함장이 본국에서 연구 개발해 폭음용 수류탄으로 주문, 적재한 것을 이용한 것이었다. 폭음으로 수중 침투자의 고막을 터뜨리는 전법이었다. 종전에 들어본 적 없는 무기로서, 적들에게 혼란과 겁을 주는 전시효과를 노렸다.

이런 경계에도 불구하고 적의 공격을 받을 경우, 각 함정은 터그보트Tug Boat, 밀고 당기는 예인선를 준비해 30분 내 출항할 수 있는 태세를 갖추었다.

함정 승무원과 교민까지 투입되어 하역 작업을 벌이자, 작업 속도는 눈에 띄게 빨라졌다. 큰 변수만 없다면 4월 26일 출항까지 이상 없이 마무리될 예정이었다.

대사관, 현지 교민에게 철수 종용

남베트남 수도 사이공의 한국대사관은 아침 일찍부터 현지 교민의 철수작전에 박차를 가했다.

김영관 대사는 이날 남베트남 내무상내무장관을 만나 불법 행위로 출국이 금지된 한국 교민이 출국할 수 있도록 부탁했다. 내무상은 한국 교민을 블랙리스트Black List에서 삭제하겠다고 약속했다. 김 대사는 이어 외무상 이민국장을 만나 한국인과 혼인한 베트남인과 출생 신고를 마친 2세에게는 주월남 한국대사관의 요청에 따라 여권을 '일괄 발급'하겠다고 약속받았다.

이처럼 김 대사는 교민들의 출국을 돕기 위해 연일 발 벗고 나섰지만 정작 당사자인 교민들은 출국을 주저했다. 김 대사는 답답함과 걱정에 애를 태우면서도 철수를 계속 종용했다.

사실 남베트남에 거주하던 교민들은 귀국을 원하지 않고 제3국으로 출국해 취업하고 싶어 하는 것이 속마음이었다. 자비로 귀국하겠다는 의사를 밝힌 교민들 중 다수도 귀국보다는 제3국에서의 취업을 원했다.

일부 교민은 강제 귀국을 피하기 위해 자비로 귀국할 능력이 없음에도 불구하고 자비로 귀국할 수 있다고 허위로 신고했다. 자비로 귀국할 능력이 없다고 신고한 교민도 귀국 후 제3국으로 취업하기 위한 출국이 허용되지 않을까 걱정했다. 대사관이 철수작전을 시행하더라도 이들은 철수를 회피할 가능성이 높았다.

김 대사는 제3국으로 가길 원하는 교민을 위해 남베트남에서 철수하는 교민은 '일시 귀국'으로 취급되어 재출국할 수 있다고 구두로 약속했다. 이 구두 약속은 이후 한국 정부가 남베트남에서 철수한 한국 교민들이 제3국에 취업할 수 있도록 이행하는 것으로 이어졌다.

특히 호주오스트레일리아로 출국을 원하는 교민들을 위해 김 대사는 호주대사관과 접촉해 교민 다수를 호주에서 받아들이게 했다. 이는 백호주의유색인종 배척의 장벽이 높았던 호주에 한국인 이민사史가 시작된 계기가 되었다.

남베트남 거주 교민들은 1965년 한국군의 베트남전쟁 참전과 함께 외화벌이의 첨병으로 베트남에 몰려오면서 비롯됐다. 사실상 외화 획득을 위한 민간인들의 해외 진출 역사의 효시인 셈이다.

교민들이 베트남으로 들어온 경로는 대체로 기업체에 임시직으로 고용되어 들어왔다가 그 기업체가 철수하거나 또는 고용관계가 해지되면서 어쩔 수 없이 머무르게 되어버린 경우가 많았다.

한국 군대가 1973년 3월경 철수하면서 일부는 귀국했지만, 상당수는 베트남에 남았다. 이들 중 일부는 4월 초순까지 그 수가 파악되지도 않았다. 그러다 사이공 북쪽의 주요 지역들이 차례로 북베트남 군대에 무너지자, 4월 중순부터 사이공으로 몰려들었다. 사이공의 한국대사관이 교민들의 현황 파악에 어려움을 겪은 것은 이 때문이었다.

이날 오후, 김영관 대사는 사이공에 잔류 중인 교민들 가정마다 전화를 걸어 대사관 앞으로 모이도록 했다. 이 자리에서 김 대사는 시시각각 급변하고 있는 남베트남의 정세와 본국의 교민 철수 방침을 설명했다. 이어, 한국 정부가 특별히 해군 LST를 파견한 만큼 꼭 승선하라고 호소했다.

김 대사는 "이번에 한국 군함인 LST가 온 것은 인도적인 차원에서 월남 난민들에게 구호물자를 전달하는 것이 표면적 이유지만, 이보다 중요한 것은 우리 교민들을 태워 안전하게 본국 또는 제3국으로 탈출하는 것"이라며, "해군 함정으로 빠져나가는 것이 유일하면서도 마지막 기회인 만큼 4월 26일에 꼭 항구로 오라."고 신신당부했다.

그러나 김 대사의 이러한 호소에도 불구하고 교민들의 반응은 신통치 않았다. 교민들의 속사정은 제각각이었다. 우유부단하고 안일한 정세 판단 때문이기도 했고, 일확천금을 노리는 이기심도 한몫했다.

무엇보다 남베트남에서 어렵게 개척한 터전을 버리고 본국에 가더라도 반겨줄 사람이 없고, 잘 살 자신도 없는 경우가 대부분이었다.

베트남에서 오랫동안 살아온 사람들에게는 전쟁의 위험에 대한 일종의 면역 증세가 있어 아무리 망한다고 외쳐도 믿으려 하지 않았다. 북베트남의 공세와 베트콩의 준동이 하도 반복되다 보니 늘 그러려니 했다. 미군이 떠났다고 하지만 설마 남베트남이 망하도록 미국이 내버려 두지는 않을 것이라는 막연한 믿음도 의식 밑바닥에 깔려 있었다.

김영관 대사가 우려하는 것이 바로 이런 점이었다. 어떡하든 교민들을 설득해 사이공을 탈출시켜야 했다. 시간이 없었다. 디데이는 불과 이틀 정도 남았을 뿐이었다.

1975년 4월 25일

본국의 사이공 탈출 지시

해군 수송분대 사령관인 권상호 대령은 아침이 밝자마자 참모장인 정홍석 중령에게 정세 정보수집을 위해 미 해군 수송협의회를 방문하라고 지시했다.

이에 정 중령은 미 해군 수송협의회에 갔다가 그곳의 미 해군 고위 장교로부터 뜻밖의 소식을 들었다. 그는 "현재 월남 정부를 지원하기 위한 우방국 선박과 외교관들은 거의 사이공을 떠났거나 떠나고 있는 중"이라며 "한국대사관 직원은 얼마나 남아있느냐? 한국 역시 철수를 서둘러야 할 것"이라고 말했다.

정 중령은 급히 돌아와 권상호 사령관에게 이러한 긴급한 내용을 보고했다. 그러자 권 사령관은 즉시 대사관에 전화해 연락장교와 통신요원, 그리고 김영관 대사를 비롯한 대사관 직원이 조속히 철수해야 한다고 알렸다.

같은 시간, 해군 수송분대가 정박한 뉴포트 항구에서는 남베트남을 위한 구호물자 하역 작업이 한창 진행되고 있었다. 남베트남 노무자는 물론 장병들과 일부 교민들까지 가세해서 작업 속도가 한층 빨라졌다. 잘하면 다음 날인 4월 26일까지 작업을 마무리하고 교민들을 태우는 데 문제가 없을 것 같았다.

그런데, 이때 갑작스럽게 한국 해군본부로부터 긴급 전문이 왔다.

"본전 수령 즉시 구호물자 하역 중지하고, 교포탑승대사관 직원 및 연락장교, 통신요원 포함 귀국하라."

전문을 본 수송분대 권상호 사령관은 기겁했다. 마치 머릿속을 둔탁한 망치로 맞은 듯 아찔했다. 지금 즉시 귀국하라는 건, 교포를 채태우지도 못한 상태에서 야반도주하라는 말과 다름없었다. 그렇다고 본국 해군 지휘부의 명령을 거부할 수도 없었다. 권 사령관은 즉시 수송분대 지휘부 참모와 양 함장을 소집했다. 회의에서 나온 내용은 다음과 같았다.

"현직 참모총장의 명령에 복종하는 것이 군인의 정도다.", "인정사정 볼 것 없이 명령대로 실행해 비상 철수 귀국하면 그만이다.", "군인인 우리가 붙잡히거나 나포되면 외교적으로 큰일인 만큼 상부의 명령에 따라야 한다.", "현지 참모총장 출신 대사의 간곡한 요청을 거부해야 하는 비정한 현실이 안타깝지만 어쩔 수 없다."

권상호 사령관은 회의를 마치자마자 무거운 마음으로 대사관의 김영관 대사에게 전화를 걸었다.

LST로 교민들 탈출시켜라

사이공 시내의 각국 대사관은 밤새 불을 밝혔다. 남베트남 정권의 붕괴가 이제 시간문제가 되자 각국 대사관들은 모두 철수를 서둘렀다.

한국대사관의 김영관 대사는 철수를 앞두고 연일 격무에 시달리면서 새벽부터 쓰린 가슴을 커피로 달래야 했다.

베트남전은 북베트남과 남베트남 간의 싸움이었지만 미군도 가세했다가 철수한 상태였다. 미국의 혈맹인 한국도 오랫동안 참전했기에 남베트남이 패망할 경우, 북베트남 군대에 붙잡힌다면 엄청난 고초를 겪게 될 것은 불을 보듯 뻔했다. 특히 한국군과 정부 관계자들은 북베트남이 볼 때 적이나 다름없었다. 서둘러 철수해야만 하는 이유였다.

문제는 철수 시기였다. 언제 남베트남이 망할지는 아무도 몰랐다. 대한민국 교민의 철수도 해결해야 할 과제였다. 한국대사관은 유사시 공적 신분인 대사와 직원들이 우선 철수해야 하지만 교민들을 놔둔 채 먼저 떠나지 않기로 내부 방침을 세웠다.

김영관 대사는 교민들보다 먼저 떠났다는 도덕적 질타와 제때 떠나지 못해 적에게 붙잡힘으로써 국가 외교적인 부담을 주는 갈림길에 서게 될까봐 고민을 거듭했다.

김 대사는 며칠 전 비상대책회의에서 나온 엇갈린 전황 판단에 대해 확실하게 결론을 내지 못한 것이 못내 마음에 걸렸다.

회의에서는 두 가지 의견이 맞섰다. 하나는 철수 대책본부장인 이대용 공사의 의견이었고, 다른 의견은 김기원 공보관의 주장이었다.

직책상 외국 언론인들을 자주 접촉하는 김기원 공보관은 "일본 NHK 사이공 지국장이 북베트남의 지도자와 미 국무장관인 헨리 키신저Henry Kissinger 사이에 이미 4월 30일에 완전히 남베트남을 손 떼기로 합의했다고 말했다."면서 "일본대사관도 극히 일부만 남겨놓고 전원 철수하고 있으니 당신들도 빨리 떠나라고 했다."며 철수를 서둘러야 한다고 주장했다.

이에 반해, 주로 CIA미국 중앙정보국 사이공 지부장을 비롯해 남베트남 고위 정부 관계자들로부터 정보를 입수하는 이대용 공사는 김기원 공보관의 주장을 반박했다.

이대용 공사는 "NHK 지부장의 정보는 신빙성이 뒷받침되지 않는다."면서 "남베트남 정부와 미 CIA의 정보를 비롯해 아직 남베트남 군대가 건재하고 있다는 점 등을 종합해 볼 때 가까운 시일에 남베트남이 당장 망하지는 않는다."고 반박했다.

두 사람의 의견이 팽팽히 대립했지만 김 대사는 끝내 결론을 내리지 못했다. 며칠째 불면의 나날을 보낸 이유였다. 어차피 어느 한쪽의 의견에 손을 들어준다고 해도 크게 달라질 일은 없었다. 지금 당면한 일은 해군 LST로 교민을 안전하게 철수시키는 것이었다. 김 대사는 벽시계를 바라보며 약속된 업무를 위해 서둘러 자리에서 일어났다.

이날 오후, 김영관 대사는 남베트남 누엉Nhuong 부수상을 만나 한국 교민을 안전지대인 푸꾸옥으로 수송하겠다고 통보했다. 당시 남베트남 고위층은 한국 교민에게 일괄적으로 납세필증 제출 의무를 면제하고, 수감된 교민을 관대히 방면했다. 또한 불법 행위를 저지른 교민의 출국금지를 해제하는 등 한국 교민의 철수에 호의적이었다.

그러나 이러한 남베트남 고위층의 지시에도 불구하고 실무진에서 협조를 거부하고 있어 정상적인 출국 수속을 단기간 내에 완료하기는 불가능했다. 남베트남 정부의 행정력은 이미 마비 상태였다.

이러한 상황에서 김 대사는 한국 교민들의 푸꾸옥 철수를 제시하여 출국 절차를 밟지 않고 해상으로 이동해 귀국하는 편법을 제시했다.

누엉 부수상은 한국 교민을 수용할 수 있도록 합숙 천막 100개를 제공하겠다고 약속했다. 또한 한국 교민을 수송할 때, "남베트남 정부에서 신청하는 월남인 400명 정도를 같이 수송하여 달라."고 요청했다.

이에 김 대사는 사이공 항구에 정박 중인 한국 군함 LST 2척의 활용 계획을 다음과 같이 밝혔다.

"4월 26일 오전 중 구호 물품의 하역이 종료되는 즉시 LST 한 척에 한국 교민과 남베트남 피란민을 승선시켜 출항토록 할 예정임. 이어 또 한 척의 LST는 남베트남 피란민 및 물자가 적재되는 대로 출항토록 할 예정임."

누엉 부수상은 김 대사가 제안한 계획에 매우 만족한다며 거듭 감사의 뜻을 전했다. 편법이지만 김 대사의 위장 철수작전이 계획대로 잘 진행되는 셈이었다. 김 대사는 또 한고비 넘겼다며 속으로 안도의 숨을 내쉬었다.

김 대사가 대사관으로 돌아와 잠시 숨을 고르려는 순간, 긴급 전화가 걸려왔다. 사이공항에 정박 중인 수송분대 권상호 사령관의 전화였다. 권 사령관은 떨리는 음성으로 본국 해군 지휘부로부터 "즉시 철수하라."는 명령을 받았다며 전보 내용을 전했다.

김 대사는 심장이 멈춘 듯 숨이 컥 막혔다. 앞이 깜깜해지면서 아무런 말도 할 수 없었다. 이대로라면 교민 철수작전은 물거품이 되는 것이었다. 북베트남에 함락될 위험이 있는 적지 한복판에 대한민국 교민들을 남겨두고 떠날 수는 없었다. 김 대사는 떠듬떠듬 어렵게 잠시만 기다리라고 말한 뒤 황급히 항구로 달려갔다.

한국 해군 LST 2척이 정박한 뉴포트항은 정적만이 감돌았다. 평소 같았으면 하역 작업으로 북적거려야 했다. 하지만 남베트남 노무자들은 보이지 않았다. 군함은 즉각 떠날 태세를 갖추고 있었다.

항구에 도착한 김영관 대사는 가슴이 철렁 내려앉았다. 입술이 바짝 탔다. 군함 앞에서 기다리고 있던 수송분대 권상호 사령관은 굳은 얼굴로 김영관 대사에게 경례를 했다.

"죄송합니다, 대사님. 상부의 명령이라서…"

김영관 대사는 권 사령관의 말에 아무런 말도 하지 않았다. 그저 사령관의 안내를 따라 함정 회의실로 걸음을 옮길 뿐이었다. 군복을 입은 군인으로서 명령에 절대복종해야 하는 사령관의 입장은 충분히 이해할 수 있었다.

회의실에 들어서자마자 권상호 사령관은 "본전 수령 즉시 구호물자 하역 중지하고 교포탑승 귀국하라."는 전문을 보여주며 김 대사의 눈치를 살폈다.

답답했다. 전직 참모총장8대, 해사 1기 출신의 대선배와 현직 황정연 참모총장11대, 해사 3기 사이에서 어느 한쪽의 지시를 거부해야 하는 초유의 사태가 벌어질 줄은 꿈에도 생각지 못했다. 등줄기로 서늘하게 땀이 배었다.

"사령관은 지금 긴급 출항하면 남베트남 정부의 협조 없이 사이공 수로를 무사히 빠져나갈 수 있다고 생각하는가?"

짧은 침묵을 깨고 김영관 대사가 말을 하자 권 사령관은 움찔했다. 미처 생각지 못한 일이었다. 위험부담이 매우 컸다. 누구도 장담할 수 없었다. 지금 같은 비상 상황에서 북베트남과 남베트남 모두를 적으로 돌린 상태로 좁고 긴 메콩강 수로를 빠져나가는 것은 엄청난 도박이었다.

"우리 대사관 직원들은 아무도 함정에 승선하지 않을걸세. 더욱이 교포도 태우지 않고 귀국한다면, 우리만 살자고 야간에 도주하듯 탈출에 성공하더라도 국민의 재산과 생명을 보호해야 할 군복 입은 군인으로서 부끄럽지 않겠는가?"

김 대사의 이어진 말에 권 사령관은 숨이 막혔다. 군인으로서 사명과 절대복종에 따라야 하는 규범 사이에 혼란이 왔다. 분명한 것은 지금 당장의 철수는 비교적 쉬운 길이었다. 하지만 상부의 지시를 거부하고 하루 늦게 교민들을 태우고 떠나는 것은 여차하면 군복을 벗거나 명령 불복종으로 처벌될 수도 있는 고난의 길이었다. 하지만 그 길을 걷는 것이 군인으로서 마음만은 떳떳할 것 같았다.

권 사령관은 김 대사에게 절도 있게 거수경례를 하며 함께 하겠다는 뜻을 전했다. 비록 험난한 여정이 예상되지만 국민의 재산과 생명을 지키는 군인의 길을 선택하겠다는 굳건한 의지의 표현이었다.

"통신사, 지금 본국에 전문을 보내게. 수송분대는 4월 26일 07시부터 교민을 탑승시켜 14시에 뉴포트항을 출항할 예정이라고. 그리고 지금 즉시 전 장병은 중단됐던 하역 작업을 계속하라."

1975년 4월 26일

LST, 교민 태우고 사이공 출항

수송분대 2척의 LST가 정박한 사이공 뉴포트항은 이른 아침부터 도떼기시장을 방불케 할 정도로 사람들로 북적거렸다. 이들 대부분은 중부 베트남에서 내려온 중국계 난민이었다.

남베트남 정부가 요청한 이들은 자식들을 업고 끼고 멘 채 짐 보따리를 들고 LST에 올랐다. 이들이 가져온 재산은 다양했다. 오토바이, 돼지, 식량, 소형 트럭, 이불, 솥단지, 자전거, 리어카 등 온갖 잡동사니가 배에 실렸다.

남베트남 정부가 수송해 달라고 요청한 빈 드럼통 800개도 배에 옮겨졌다. 거기에 한국대사관의 차와 짐까지 싣게 되니 배 안은 온통 난장판이 되었다.

피란민은 철저하게 대사관에서 발급한 비표를 받은 사람들만 승선시켰다. 비표라 해봐야 대사관에서 임시방편으로 커튼을 잘라 대사관 도장을 꽝꽝 찍어 만든 천 쪼가리였다. 대사관은 교민들을 A그룹, 한국인과 관련이 있는 베트남인은 B그룹, 기타 베트남인은 C그룹 등 3개 그룹으로 구분하고, 각각 다른 모양의 비표를 가슴에 부착하도록 했다.

하지만 3그룹에 속한 난민들은 대부분 비표를 구하지 못해 승선 경계를 맡은 해병대 장병에게 돈을 건네며 승선을 간청하거나, 몰래 무기를 소지했다가 강제로 끌려 내려가며 몸부림치기도 했다. 승선이 생명이고 하선이 죽음인 갈림길에서 무너지는 나라의 국민은 비참했다.

이러한 혼잡 속에서 정작 도착해야 할 한국 교민들은 항구에 보이지 않았다. 원래 한국 교민들은 대사관 앞마당에 이날 아침 6시까지 집결할 예정이었다. 한국대사관은 비밀이 노출되지 않도록 교민들에게 교민노래자랑대회에 참가한다는 핑계를 대고 오라고 신신당부했다. 그러나 정작 제시간에 모인 교민은 소수에 불과했다.

대사관은 발을 동동 구르다가 8시가 되어서야 버스에 태울 인원이 모이자 출발할 수 있었다. 설상가상으로 교민을 태운 버스는 항구 입구에서 발이 묶였다. 사이공 뉴포트항이 해군기지였기 때문에 남베트남 초병은 민간인 출입을 엄격히 통제했다.

교민들은 두 차례에 걸쳐 남베트남 군인들에게 통과세 명목으로 돈을 주고 나서야 간신히 통과했다. 그러나 남베트남 경찰은 또 달랐다. 남베트남 보건사회부의 승인이 떨어졌음에도 부두 정면에 바리케이드를 설치한 뒤 베트남인들은 통과시키면서 한국 교민의 출입은 막았다.

이 모습을 본 수송분대 장병들은 3일 전 식수와 유류 보급 시 편법을 썼던 일이 떠올라 라면 몇 상자를 들고 달려왔다. 라면 상자를 받은 남베트남 경찰은 "땡큐!"를 외치며 군말 없이 교민들이 탄 버스를 통과시켰다. 망해가는 나라에서는 돈보다 식량이 더 효율적이라는 것을 남베트남 경찰은 알고 있었다.

우여곡절 끝에 교민들은 11시부터 LST에 탑승하기 시작했다. 김영관 대사와 권상호 수송분대 사령관이 현장에서 교민들의 승선을 직접 지휘했다. 기함인 북한함에는 한국 교민과 가족 1,300여 명을, 계봉함에는 남베트남 피란민 1,500명을 태우기로 했다.

탑승 작업이 한창이던 이날 오후 2시 57분경, 본국 해군 함대사령관으로부터 긴급 전문이 도착했다. 내용은 다음과 같았다.

"귀 분대가 사이공에 체류한 상태에서 메콩강이 봉쇄될 때 이에 따른 문제의 중요성과 그 결과를 감안하여 군통수계통의 지시에 의거 행동하라."

전문을 읽은 권상호 사령관의 얼굴은 일순간 흙빛이 됐다. 이는 메콩강이 봉쇄되어 함정과 장병들이 나포된다면 그로 인해 벌어지는 모든 문제는 철수 명령을 따르지 않은 권상호 사령관에게 있으니 명령을 따르라는 엄중한 경고였다.

전날 전문이 참모총장의 지시였다면, 이번에는 김상모 함대사령관의 명의로 된 지시였다. 그러나 사실상 참모총장의 연이은 지시나 다름없었다. 누가 보더라도 괘씸죄를 추궁하는 모양새였다.

옆에서 권 사령관의 침울한 표정을 살핀 김영관 대사는 뜻밖의 말로 권 사령관의 기를 살려주었다.

"사령관, 너무 걱정하지 말게나. 어젯밤 대사관으로 돌아가 국방부 장관과 외무부 장관, 그리고 청와대와 교민 철수 문제를 의논했다네. 그 결과 오늘 대통령 각하로부터 현지 대사의 지시대로 하라는 최종 결정이 내려졌다네. 아마도 해군본부는 대통령 각하의 결정이 전달되지 않은 상태에서 전문을 보낸 것 같은데, 전혀 걱정하지 않아도 되네. 그러니 교민 철수에 우선을 두고 작전을 수행하게나."

교민과 피란민의 탑승이 완료될 즈음, 계봉함의 출항 시간 문제로 의견이 엇갈렸다. '지금 당장 나가자'는 의견과 '내일 아침에 나가자'는 의견이었다.

한쪽의 주장은 "인원을 가득 실은 상태에서 부두에 정박하고 있으면 적의 집중 공격 목표가 된다. 이미 뉴포트항도 안전하지 못하므로 한시라도 빨리 이곳을 벗어나야 한다."는 것이었다.

다른 쪽의 주장은 "메콩강은 수로가 복잡해서 대낮에도 파일럿의 안내를 받지 않으면 길을 잃기 쉬운 항로다. 지금은 달도 없는 야간인 데다 등대들도 베트콩에 의해 모두 파괴되었다. 이런 어둠 속에

항해하는 그 자체도 위험하거니와 중간에 베트콩의 습격을 받는다면 속수무책이니 내일 낮에 벗어나야 한다."고 했다.

수송분대의 원래 계획은 4월 26일 저녁과 4월 27일 오전 두 차례로 나눠 떠나는 것이었다. 이 계획은 교민들의 안전한 철수와 남베트남 정부가 요청한 피란민 수송을 동시에 만족시키기 위해 마련된 방안이었다. 기함인 북한함이 먼저 교민과 대사관 물품을 탑재해 4월 26일 오후 5시에 출항하고, 계봉함은 뒤늦게 오는 교민들과 푸꾸옥으로 가는 피란민 및 물자를 탑재해 4월 27일 오전 10시에 출항하기로 했다. 뒤늦게 떠나는 계봉함은 붕따우 외항에서 북한함과 합류해 푸꾸옥으로 함께 향한다는 것이 최초 계획이었다.

그런데 계봉함에 편승한 헌병 수사관이 수송분대 참모장을 찾아와 취약한 자체 방어와 잔류하는 승조원들의 사기를 고려해 4월 26일 저녁에 함께 출항해 줄 것을 건의했다. 이 건의가 받아들여져 회의가 열리게 된 것이었다.

김영관 대사와 권상호 사령관, 그리고 수송분대 참모들과 함장들은 논의를 거듭한 끝에 "지금 당장 출항하자."고 의견을 모았다.

김 대사는 최종 결정에서 "지금 나가는 것이 더 안전하다. 사령관 이하 함장 여러분들은 베트남전의 베테랑이다. 닻을 내리고 있다가 공격을 당하는 것보다 항해하는 쪽이 훨씬 위험이 적다. 여러분의 조함술, 위기관리 능력을 최대한 발휘하라."고 격려했다.

이에 따라 권상호 사령관은 만일의 사태 발생 시 교민들이 억류될 것을 우려해 다수 교민이 탑승한 북한함을 즉시 출항시켜 붕따우에서 계봉함을 기다리기로 했다. 북한함은 오후 6시 20분경 먼저 뉴포트항을 출항해 붕따우 외항을 향해 빠져나갔다.

뉴포트항에 남은 계봉함은 초조한 분위기 속에서 남베트남 정부가 요청한 고위층 피란민 1,500명 중 500여 명을 탑승시켰다. 아직 도착하기로 한 교민들은 보이지 않았다.

북한함이 떠나자 계봉함 함장인 박인석 중령은 입술이 마르고 목이 탔다. 이제는 빈 부두에서 오직 혼자서 상황을 판단하고 결심해야 했다. 다행인지 불행인지 휑한 부두 한쪽 구석에는 미군 용역 화물선 2척이 아직 탈출하지 못한 채 정박하고 있었다.

박인석 중령은 부두 저편의 미군 LST 2척을 보자 간밤의 일이 떠올랐다. 그 용역 선박의 선장 중 한 명이 늦은 밤 박 중령을 찾아왔다. 선장은 이씨 성을 가진 한국인이었다. 박 중령은 반가움과 걱정이 교차하는 심정으로 말했다.

"이 선장, 상황이 아주 위급합니다. 빨리 떠나셔야 합니다. 언제 출항합니까?"

"월남 고위층 피란민들을 태우고 이틀 후에 출항할 겁니다. 설마 그때까지 뭔 일이 있겠습니까?"

이 선장은 불안한 얼굴로 되물었다. 박 중령은 그때 서로의 연락처를 주고받으며 한국에 오게 되면 꼭 만나자고 한 뒤 헤어졌다. 그러나 두 사람은 끝내 다시는 만나지 못했다.

뉴포트항에 뉘엿뉘엿 해가 저물 무렵, 교민 가족 156명이 항구에 도착했다는 연락이 왔다. 오후 6시 50분경이었다. 뒤늦게 온 교민들은 허겁지겁 배에 올라탔다. 박 중령은 교민들을 반갑게 맞으며 출항을 서둘렀다.

내일 아침 승선할 예정이었던 남베트남 고위층 피란민 1,000여 명은 일정이 변경된 바람에 태울 수 없었다. 남베트남 정부와의 약속을 어기게 됐지만 어쩔 수 없었다. 교민을 태우기 위해 남베트남 피란민을 태우는 '위장 철수작전'이 갖는 태생적 한계였다. 교민들을 모두 안전하게 태워 사이공을 탈출시키는 십자성 작전의 성공을 위해서는 어떠한 희생과 고난도 감내해야 했다.

박 중령은 교민을 인솔하고 부두로 온 대사관의 이대용 공사와 사관학교 동기이자 연락장교인 나에게 고국에서 다시 보자며 작별 인사를 나눴다.

"출항하라."

함장인 박 중령의 출항 지시가 떨어지자 계봉함은 천천히 뱃머리를 돌려 부두를 벗어났다. 외국 군함 중 마지막으로 철수한 계봉함의 출항 시간은 오후 7시 10분이었다.

어스름한 저녁, 뉴포트항 부두에는 두 사람이 서 있었다. 나와 이대용 공사는 깊은 바다를 향해 떠나는 계봉함을 바라보며 멀리서 손을 흔들어 주었다.

어둠 속 메콩강을 항진하다

이날 오후 6시에 먼저 뉴포트항을 떠난 기함인 북한함은 부두를 벗어나자마자 신속히 작전 태세에 돌입했다.

북한함에 탑승한 수송분대 권상호 사령관은 전 장병에게 계급장을 떼고 신분증을 버리라고 지시했다. 또한 함장에게는 "모든 등불을 점등한 상태로 항해하라."는 지침을 내렸다.

권 사령관은 탑승한 베트남 피란민들에게는 갑판 위에 설치된 천막을 사용하게 하고, 한국 교민들에게는 주갑판 아래에 있는 상륙군 침실을 사용하도록 했다.

이러한 조치는 항해 중 베트콩의 기습 공격으로 인해 포로가 될 경우를 대비하는 한편, 불법체류 교민을 보호하고 피란민 수송선이라는 것을 표시하기 위한 하나의 묘책이었다. 북베트남군과 베트콩, 심지어 남베트남군이라 할지라도 차마 피란민 수송선을 공격하지는 않을 것이라는 판단에서 나온 결정이었다.

그러나 일몰 직전에 늦게 출항한 계봉함의 상황은 전혀 달랐다. 갑판에 등불을 밝히면 배의 불빛 때문에 전방의 시야 확보가 전혀 되지 않았다. 이 상태에서 조함하는 것은 장님이 낭떠러지 절벽을 지팡이에 의존해 걷는 것과 같았다. 좁은 메콩강 수로를 점등한 채 항해한다는 것은 사실상 불가능한 일이었다.

계봉함 함장인 박인석 중령은 출항한 지 얼마 지나지 않아 "항해 중 야간 등을 켜라."는 기함 사령관의 지시문을 통신병이 가져오자, 고개를 저었다. 적지를 탈출하는 상황에서 항해등을 밝히고 배를 운항하는 것은 스스로 적의 표적이 되겠다는 행위나 다름없었다.

박 중령은 사령관의 지시를 따르지 않기로 했다. 어차피 기함과 떨어져 있는 계봉함의 현장 책임자는 자신인 만큼 배의 운명을 주어진 현실에 맞게 대처하기로 결심했다.

계봉함은 어둠이 깔린 메콩강 수로를 조심조심 천천히 이동했다. 굴곡이 많은 강 코너를 따라 돌 때마다 물빛의 짙고 옅음을 구분해 강줄기를 확인하면서 수로 한가운데로 운항하는 방식으로 나아갔다.

진짜 위기는 계봉함이 뉴포트항을 떠나 약 두세 시간 정도 지났을 때 발생했다. 함교 VHFVery High Frequency, 가장 낮은 대역의 전파로부터 통신이 들어왔다.

"한국의 LST-810계봉함은 지금 즉시 출항을 중지하라. 만일 불복하면 공격하겠다."

남베트남 해군의 강경한 통보였다. 통신장이 두려운 얼굴로 계봉함 함장을 바라봤다. 박인석 중령은 단호한 어조로 지시했다.

"일체 응답하지 마라. 철저하게 침묵하라."

함장인 박 중령은 등골이 서늘해짐을 느꼈다. 설마 했는데, 정말로 나포 명령이 떨어지자 절로 한숨이 나왔다. 조금이라도 더 지체했더라면 뉴포트항에 꼼짝없이 묶여있을 뻔했다는 생각에 오금이 저렸다.

계봉함은 유사시를 대비해 전투배치에 들어가면서 항해 속도를 높였다. 컴컴한 시야 속에 등대도 없고 물살은 거셌지만, 쫓기는 마당에 속도를 늦출 수는 없었다. 꾸불꾸불한 수로를 따라 항진한 탓에 자칫하면 엉뚱한 수로로 진입하거나 강둑에 부딪혀 좌초할 판이었다.

함장인 박인석 중령은 오랜 해상 근무로 조함술에는 누구보다 자신이 있다고 자부해 왔다. 그런데 어림없는 일이었다. 그런 경력은 컴컴한 어둠 속의 메콩강에서는 아무런 소용이 없었다. 온몸의 신경이 극도로 예민해져 몸에 있는 구멍이란 구멍에서 쥐어짜듯 분비물이 흘러나왔다. 땀으로 축축해진 속옷이 끈적하게 피부를 휘감았다.

함 선수에서 견시見視 눈으로 확인하는 감시 임무를 맡은 초병들도 초긴장 상태였다. 사소한 장애물을 피하려다 더 위험한 충돌을 당할 수 있었기에, 웬만한 방해물은 그대로 뚫고 지나가야 했다. 한 치 앞도 보이지 않는 어둠 속의 강물을 헤쳐 나가는 것은 결국 운이 크게 좌우하는 법이었다. 모두 마음속으로 자신들이 믿는 신께 도와달라고 간절하게 외쳤다.

남베트남 해군에서는 계속 나포하겠다는 협박 전문을 보내왔으나, 박 중령은 애써 통신을 무시했다. 메콩강을 얼마나 빠져나왔는지 좀체 가늠하기가 어려웠다. 하지만 앞으로 나가야 한다는 생각 하나로 함정 조종 핸들방향타을 움켜쥔 손에 잔뜩 힘을 실었다.

시간은 어느덧 자정에 이르렀다. 메콩강을 뒤덮은 어둠은 길고도 깊었다. 수많은 교민과 베트남 난민을 태운 계봉함은 칠흑 같은 어둠을 뚫고 곡예를 하듯 위태로운 모습으로 전진했다.

대사관, 교민 철수작전에 총력

사이공의 한국대사관은 이른 새벽부터 바쁘게 움직였다. 마치 전쟁터의 상황실과 다름이 없었다.

"사이공을 포위한 북베트남군 5개 군단이 오늘 새벽 4시를 기해 공격을 시작했습니다. 사이공의 함락은 이제 시간문제로 보입니다."

대사관의 무관인 정영순 대령이 아침 7시경 김영관 대사에게 보고했다.

김 대사는 정 대령의 보고에도 고개만 끄덕일 뿐 무표정했다. 어차피 예상됐던 일이었기에 놀랍지도 않았다. 김 대사의 관심은 아침 6시까지 대사관 앞으로 모이기로 한 교민들에게 집중됐다. 그런데, 교민들은 7시가 되도록 좀체 모이지 않았다.

답답한 김 대사는 사무실을 뛰쳐나가 교민들에게 전화해 빨리 오게 하라고 지시하며 발을 동동 굴렀다. 8시경이 되자 버스 한 대에 태울 인원이 겨우 모였고, 되는 대로 출발하라고 지시했다.

대사관은 시차를 두고 교민들이 도착하는 대로 버스에 태워 항구로 보냈다. 그렇게 반복한 결과 11시부터 수백 명의 교민을 해군 LST에 태울 수 있었다.

김영관 대사는 권상호 수송분대 사령관과 함께 부두에서 교민들의 승선을 지휘했다. 이날 오후, 교민들이 한창 승선하고 있을 때 본국의 해군 함대사령관으로부터 전문이 날아왔다. 즉시 출항을 재촉하는 내용과 함께, 지난번 지시에 따르지 않은 권상호 사령관에 대해 경고하는 메시지였다.

김 대사는 움찔하는 권 사령관에게 "대통령으로부터 현지 대사의 말을 따르라는 결정이 내려졌다."며 안심시킨 뒤, 후속 대책을 의논했다.

당시 본국의 해군은 교민은 둘째치더라도 남베트남 피란민을 승선시키지 말고, 최대한 빨리 사이공을 빠져나오라고 명령했다. 반면, 김 대사와 수송분대 지휘부는 남베트남 피란민을 사이공에서 푸꾸옥까지 이송하지 않으면 남베트남 정부가 교민들의 LST 승선을 금지할 것이 뻔하다고 판단했다. 한국 교민을 사이공에서 푸꾸옥까지 철수시킨다는 속임수 아래 철수시키는 계획은 애초에 남베트남 정부의 승선 허가 없이는 이루어질 수 없는 일이었다.

김 대사는 이미 태운 남베트남 난민고위층 난민 포함은 어쩔 수 없는 만큼, 우리 교민이 모두 도착하는 대로 출항하기로 수송분대 지휘부와 최종 합의했다.

이에 따라 우리 교민이 주로 탄 기함인 북한함은 오후 6시경 먼저 떠났다. 이어 뒤늦게 도착한 교민들을 태운 계봉함은 오후 7시 10분에 사이공 뉴포트항을 최종적으로 빠져나갔다.

김영관 대사는 사이공을 떠나 메콩강을 항진하는 권상호 수송분대 사령관에게 함 운영에 관해 다음과 같이 지시했다.

"LST-810계봉함은 푸꾸옥섬에 상륙해 남베트남 보건사회부가 철수를 부탁한 피란민과 구호 물품을 최단 시간에 하선시킨다. LST-815북한함는 해상에서 대기한다. LST-810이 피란민과 구호품 양륙을 마치면, LST-815함과 함께 밤에 현지를 떠난다.”

이날 김영관 대사는 수송분대 두 척의 LST가 시차를 두고 무사히 사이공을 빠져나간 것을 확인하고, 후속 지침을 내린 뒤에야 안도의 한숨을 내쉬었다. 어느덧 오후 8시였다. 참으로 긴 하루였다.

김 대사는 이어 교민 철수 상황을 본국의 박정희 대통령에게 보고했다. 보고 내용은 다음과 같았다.

‘해군 수송분대 LST-815에는 한국 교민, 월남인 가족, 현지 고용인과 그 가족, 그리고 한국과 관계가 많은 월남인 가족 등 총 1,520명을 승선함. 오후 6시 사이공 뉴포트항을 떠남. LST-810에는 월남 보건사회부가 지정한 피란민 약 500명과 물자를 적재함. 오후 7시 10분 사이공을 출항함.’

보고를 마친 김영관 대사는 대사관 창밖을 응시했다. 사이공의 야경은 패망을 앞둔 도시로 믿기지 않을 만큼 화려했다. 네온사인의 불빛이 도시를 환하게 비추는 밤하늘 속으로 교민을 태운 한국 LST 군함이 눈앞에 어른거렸다.

걱정과 불안이 가슴을 짓눌렀다. 칠흑 같은 어둠을 뚫고 항해하는 해군 LST 군함에 아무 일이 없기를 간절히 빌었다. 그렇게 사이공의 밤은 깊어만 갔다.

1975년 4월 27일

LST 2척 붕따우에서 합류

사이공에서 붕따우로 가는 50마일의 메콩강은 숨이 막힐 정도로 길고 암울했다.

칠흑 같은 어둠 속에서 견시병의 흐릿한 시야와 감에 의존해 운항하던 계봉함 함장은 자정을 넘겨 새벽에 이를 때까지 비 오듯 땀을 흘렸다.

함장인 박인석 중령은 땀으로 흠뻑 젖은 속옷을 세 번이나 갈아입으면서도 좀체 긴장을 풀지 못했다. 축축해진 군복을 수시로 손으로 짜낸 탓에 함교 바닥이 물로 흥건해졌다. 그는 어둠의 끝이 곧 환한 새벽이 되어 오기를 간절히 바랄 뿐이었다.

함정은 마침내 붕따우에 도착했다. 멀리서 희미한 불빛이 보였다.

"기함이 보입니다!"

견시병이 피곤에 지쳐 거칠지만 기쁨이 담긴 목소리로 외쳤다.

9시간 가까이 항해한 함정은 어느덧 붕따우에 이르렀다. 멀리서 보이는 작은 불빛이 기함인 듯싶어 함교의 장병들은 환호했다. 부함장이 윙 브리지함교 측면의 조종 공간로 나가 아군 군함임을 거듭 확인하자, 함장은 그제야 참았던 안도의 한숨을 길게 내쉬었다.

"적당한 거리에 닻을 놓는다."

박 중령은 투묘 지시를 내리자마자 화장실로 달려갔다. 긴장이 풀리자 배설물이 쏟아졌다. 혈변이었다. 말로만 듣던 '피똥'을 싼 것이었다.

벅찬 감정이 솟구쳤다. 망망대해를 표류하다 극적으로 구조선을 발견했을 때의 기분과 다를 바 없었다. 배에 탄 수많은 목숨을 구했다는 안도감에 절로 신에게 감사를 드렸다.

박 중령은 문득 자신의 함정과 달리 점등을 한 기함이 너무도 고마웠다. 어둠 속에서 환하게 불을 밝히며 등대 역할을 한 기함의 모습에서 진한 전우애가 느껴졌다.

붕따우 외항에서 기함인 북한함과 계봉함이 만나자 수송분대 권상호 사령관은 새벽 4시경, 그동안의 사정과 앞으로의 일정을 해군본부에 보고했다.

내용은 남베트남 정부와 대사 간의 합의사항에 따라 교민들의 안전한 철수를 위해 최소한의 남베트남 피란민을 태우고 푸꾸옥으로 이동한 뒤, 피란민과 물자를 하역하고 귀국하겠다는 것이었다.

그러나 본국의 해군본부는 '남베트남 피란민의 푸꾸옥 수송을 불허한다.'는 전문을 곧바로 보냈다. 하지만 수송분대는 통신장애로 인해 이 전문을 수신하지 못한 채, 아침이 되자마자 푸꾸옥으로 떠났다.

수송분대가 해군본부의 전문을 수신하지 못한 것이 진짜 통신장애 때문이었는지, 아니면 고의로 수신을 거부했는지는 오랜 세월이 지난 오늘날까지도 확실하지 않다.

왜냐하면, 수송분대가 해군본부의 지시에 따라 붕따우로 회항하여 이미 탑승한 남베트남 피란민과 물자를 하선·하역한다는 것은 매우 위험한 일이었기 때문이다.

붕따우가 곧 함락될 위기에 놓여 있었고, 함정에 탄 피란민들의 반발도 예상됐다. 무엇보다, 붕따우로 가면 새로 탈출하려는 피란민들과 남베트남 탈영병들의 탑승 기도로 인해 엄청난 혼란과 사고가 발생할 것이 불 보듯 뻔했다. 어차피 해군본부의 지시를 따를 수 없었다.

해군본부는 남베트남 사태가 심각한 상황에 이르자, 군함이 나포되는 등 불상사가 생기기 전에 가까운 곳에 피란민과 하역 물자를 내리고 속히 본국으로 귀국하기를 원했다. 푸꾸옥은 붕따우에서 이틀을 더 항해해야만 도착할 수 있는 남베트남 끝자락의 외진 섬이었다. 해군본부가 푸꾸옥 수송을 허가하지 않은 이유였다.

수송분대 함정이 푸꾸옥으로 항해하던 중 충격적인 소식이 전해졌다. 계봉함에 탑승한 교민 중 한 명이 라디오를 청취하다가 "UPIUnited Press International, 세계적인 미국의 통신사가 '사이공에 정박 중이던 한국 LST 2척이 4월 26일 밤 피격됐다'는 뉴스를 전 세계에 타전했다."고 함정 장병에게 알려줬다.

계봉함 함장인 박인석 중령은 이 소식을 듣고 깜짝 놀랐다. 전날 저녁, 서둘러 사이공 뉴포트항을 빠져나오지 못했다면 아마도 꼼짝없이 당했을 것이라는 생각에 등골이 오싹했다. 아마도 피격된 LST는 부두의 또 다른 곳에 정박했던 미군 용역 LST였던 것이 분명했다. 그렇다면 출항 전날 만났던 그 배의 한국인 선장은 어떻게 됐을지 걱정이 되면서 마음이 복잡했다.

당시 이 소식은 국내에도 실시간으로 전해져 난리가 났다. 이에 한국의 서종철 국방부 장관은 긴급 기자회견을 통해 "현재 한국 군함은 사이공을 벗어나 안전하게 항해 중"이라는 성명을 발표했다.

이 뉴스는 나중에 확인한 바에 따르면, 사이공을 포위 공격하던 북베트남 특공대가 한국 LST가 이미 출항한 것을 모르고, 정박 중이던 미국 용역 선박 2척을 한국 군함으로 오인해 공격한 것으로 밝혀졌다.

푸꾸옥으로 향하는 해군 수송분대는 여러모로 마음이 편치 않았다. 상황은 갈수록 심각해지고 있었다. 남베트남 해역에서 이동하는 것은 마치 화약고를 안고 불바다로 뛰어드는 것과 마찬가지였다.

그러나 푸꾸옥으로 가는 항해를 멈출 수는 없었다. 교민 철수를 도운 남베트남 정부와 난민들에 대한 최소한의 약속과 책임을 저버릴 수는 없었다. 어쩌다 북베트남과 남베트남 양쪽 모두로부터 공동의 적이 되어버린 상황에서 해군 수송분대는 한 치 앞도 보이지 않는 미증유未曾有의 항해를 힘겹게 이어갔다.

대사관, LST 못 탄 교민에 골치

4월 27일, 날이 밝자 어디서 왔는지 피란 보따리를 들고 교민들이 사이공 시내의 한국대사관으로 몰려들었다. 대사관 뜰을 가득 메운 교민들은 삼삼오오 모여 웅성거렸다. 어느덧 200명 가까이 늘어난 교민들은 전날 LST에 타지 못한 저마다의 속사정을 변명하며 앞으로의 철수 대책을 요구했다.

김영관 대사는 답답했지만 교민 한 명 한 명에게 성의껏 답하며 대책을 모색했다. 그러나 대책이랄 것이 따로 없었다. 어차피 배로 탈출하지 못했다면 항공편이 유일한 선택지였다. 속히 공항으로 달려가 민항기를 알아보라고 권유했다.

비행기를 탈 여력이 없는 교민들에게는 미국대사관으로부터 구한 미 군용기 탑승권 100매를 나눠주었다. 다만 미 군용기가 언제 떠날지, 또 미군들이 순순히 탑승을 허락할지는 누구도 확신할 수 없었다. 더 이상 찬밥 더운밥을 가릴 처지가 되지 못한 교민들은 자신들이 LST에 타지 않았던 '원죄'가 있어서인지 군소리를 내지 못했다.

전날까지 '설마' 하며 버티던 교민들이 이날 아침부터 대사관으로 몰려든 것은 새벽부터 사이공 시내 곳곳에서 베트콩의 산발적인 공격이 벌어졌기 때문이었다. 일부 교민들은 베트콩이 벌써 사이공 대교까지 쳐들어와 교량을 점거했다고 소식을 전했다. 이때 비로소 상황이 심각해졌음을 깨달은 교민들은 전날 해군 LST에 탑승한 사람들을 부러워하면서 후회와 함께 발을 동동 굴렀다.

한편, 대사관은 전날 해군 LST로 실어 보낸 집기와 서류 외에 남아있는 서류 중에서 불필요한 것을 소각하는 등 대사관 철수를 위한 준비에 들어갔다.

김영관 대사는 사무실로 들어와서는 남베트남 정부 관계자들에게 온종일 시달렸다.

"당신들은 법을 어겼소! 한국 교민을 불법 승선시켰고, 월남 피란민을 방치했고, 한국대사관의 물품 반출도 불법이오!"

남베트남 난민 담당 부수상인 판 꽝 단이 조목조목 따지며 소리쳤다. 전화기로 호통을 쳤지만 김 대사는 아무 말도 하지 못했다. 요점은 그들이 요구한 피란민을 전부 다 태우지 않았다는 것이었다. 정세가 급변하는 속에서 남베트남 정부의 말을 정확히 지킬 수는 없었다. 게다가 교민 철수를 위해 그들을 이용한 것만은 부정할 수 없는 사실이었다. 어떠한 변명도 궁색했다.

오후가 되자, 남베트남 정부로부터 외교 각서가 대사관에 전달 됐다.

　내용은 "월남 정부는 해군 참모총장에게 지시해 약속을 이행하지 않고 사이공을 떠난 대한민국 해군 LST 2척을 나포하겠다."라는 것 이었다.

　김 대사는 이미 수송분대 LST로부터 보고를 받아 알고 있었지만, 거듭된 남베트남 정부의 윽박에 마음이 편하지 않았다. 혹시라도 푸꾸옥으로 항해 중인 수송분대에 큰일이 생길까 걱정이 됐다.

　김 대사는 평소 알고 지내던 남베트남 해군 참모총장에게 전화를 걸었다. 그리고 간곡히 사정을 이야기했다. 그러자, 남베트남 해군 참모총장은 "이해한다. 아마 아무 일도 없을 것이다. 그럴 여력도 없다."고 화답했다.

　김 대사는 남베트남 해군 참모총장의 이 말을 듣고서야 다소 안심이 됐다. '아무 일도 없을 것'이란 말 속에 체념이 담겨 있음을 느꼈다. 이미 군대의 기능과 위계질서가 무너진 상태에서 남베트남 해군이 한국 군함을 나포한다는 것은 엄포에 불과할 뿐이라고 생각했다. 그렇게 믿고 싶었다. 그래야 마음만은 편할 것 같았다.

　한숨을 돌린 김 대사는 책상 위에 수북이 쌓인 서류를 보자 정신이 번쩍 들었다. 이것은 대사관이 철수 시 반드시 처리해야 할 문건이었다. 가장 중요한 것은 사이공에 잔류한 대사관 직원의 철수 대책이었다. 교민 철수도 중요했지만 대사관 직원의 피신은 국가적으로 시급히 다뤄야 할 과제였다.

전날까지 철수 인원을 점검했지만 다시 한번 최종 인원을 결정지어야 했다.

공관원 14명(김영관 대사, 이대용 공사, 이상훈 참사관, 이규수 참사관, 김창근 2등 서기관, 김경준 2등 서기관, 신상범 3등 서기관, 김교양 통신사, 정영순 대령, 이달화 소령, 안희완 영사, 서병호 총경, 최병훈 건설관, 김기원 공보관), 파견 요원 4명(양종렬 통신사보, 이문학 중령, 변종근 중사, 김형태 중사) 등 필수 인원 18명을 포함해 총 162명이었다.

이들 중 누구라도 철수에 차질이 생긴다면 큰일이었다. 특히 필수 인원 18명 중 단 한 명이라도 문제가 생기면 국가적으로 큰 재앙이었다.

김영관 대사는 서류를 점검하다 문득 벽시계를 바라보았다. 어느덧 자정이 가까운 시간이었다. 창문 밖으로 보이는 사이공 시내의 화려한 불빛이 잠 못 이루게 유혹하는 그런 밤이었다.

1975년 4월 28일

난민과 험난한 함상 생활

푸꾸옥으로 향하는 해군 수송분대의 항해 길은 험난했다. 붕따우에서 푸꾸옥까지 2일간의 여정은 교민과 남베트남 난민, 해군 장병이 뒤섞여 1분 1초가 매 순간 전쟁터와도 같았다.

기함인 북한함에는 비록 수백 명의 교민과 일부 남베트남 난민이 탑승해 있었지만, 같은 언어를 쓰는 동포라 좁고 불편하더라도 견딜 만했다. 그러나 계봉함은 상황이 달랐다. 700명이 넘는 남베트남 난민과 200명 가까운 교민이 뒤섞여 함상은 온통 뒤죽박죽 난리가 따로 없었다.

계봉함 함장인 박인석 중령은 4월 28일 아침부터 난민들의 불평불만으로 작은 소동이 잇따르고 있다는 보고를 접하고 골머리를 앓았다.

4월 26일 저녁 사이공을 출항해, 4월 27일 붕따우를 거쳐 푸꾸옥으로 향한 계봉함은 사실 출항 첫날부터 570명의 남베트남 피란민들에 대해 각별한 신경을 썼다.

이들은 공산주의가 싫어서 자유를 택해 사이공으로 피신한 중부지방의 중국계 난민이 대부분이었다. 남베트남 정부에서는 이들이 부담스러워 푸꾸옥의 난민수용소로 수송해달라고 부탁했다. 수송분대는 우리 교민들을 탈출시키기 위해 어쩔 수 없이 이들의 이송을 약속했고, 최소한의 책임을 다하기 위해 불편한 동거를 감내해야 했다.

계봉함은 이들이 배에 탑승하자 함상 생활에 불편이 없도록 모포와 음료수, 그리고 매끼 식사를 정성껏 준비해 제공했다. 만에 하나 사고라도 나면 잘해주고도 욕만 먹는 꼴이 될까 싶어 우려하지 않을 수 없었다. 미국 상선들이 싣고 가던 난민들에 의해 공격받기도 했다는 정보를 이미 들은 적이 있어 여러모로 신경을 썼다.

계봉함은 700명이 넘는 난민과 200여 명의 교민들을 수용하기 위해 갑판 위에 천막촌을 조성하고 대표를 선출하도록 했다. 가족이나 친척 단위로 50여 명씩 구획을 지어 함상 마을을 조성했다. 각 마을 대표는 문제가 발생하면 즉시 함장을 찾아왔고, 함장은 민원을 최대한 신속히 조치했다.

함정의 대원들은 1,000여 명의 하루 세 끼 식사를 위해 쉴 틈이 없었다. 식사를 준비하고 배식이 끝나면 곧바로 다음 끼니의 취사 준비에 들어가야 했다.

이들이 하루에 소비하는 식수와 식량은 말할 것도 없고, 배설물의 양 또한 상상을 초월했다. 청소할 사이도 없이 화장실은 늘 초만원 상태였다. 2,000여 톤의 LST 군함 갑판에 들어찬 군용 천막의 행렬은 과거 6·25전쟁 당시 흥남 철수작전 때의 메러디스 빅토리호 SS Meredith Victory 선박을 연상케 했다.

7,600톤의 메러디스 빅토리 수송선은 혹한의 겨울인 1950년 12월 23일에 최대 1만 4,000명이 넘는 피란민을 태우고 흥남에서 부산으로 철수했다. 그때의 불행했던 역사가 남베트남에서 반복되고 있었던 것이었다.

계봉함 함장인 박인석 중령은 대한민국도 과거 전쟁으로 인한 고통을 겪은 바 있었기에 푸꾸옥의 수용소로 이송되는 망국의 남베트남 난민들이 안쓰러워 정성을 다했다.

계봉함에 탄 남베트남 난민들도 처음엔 자신들이 푸꾸옥에 있는 난민수용소로 수용될 것이란 사실을 몰랐다. 그래서 전장에서 탈출했다는 안도감 속에서 한국 군함이 신기한 듯 즐기면서 불편을 참으며 고분고분하게 생활했다.

그러다 4월 28일이 되어 군함이 푸꾸옥으로 항해하고 있다는 것을 눈치챈 일부 난민들이 소동을 일으키기 시작했다.

이들 일부 난민들은 장병들이 힘들게 마련한 음식을 먹지 않고 심지어 팽개쳐 버리기도 했다. 어떤 사람은 모포를 찢고, 심한 경우 칼을 들고 주위를 위협하거나 자해하기도 했다.

계봉함 함장은 이들의 난동을 보고 처음에는 화가 났다. 하지만 강경한 대처로 인해 또 다른 사태가 유발되는 것을 막기 위해 최대한 달래고 설득했다. 남베트남 피란민들은 푸꾸옥에서 하선하는 그룹과 대한민국까지 함께 가는 그룹이 섞여 있었다. 두 그룹은 처지가 달랐기 때문에 옥석을 가려 신중하게 조치해야 했다.

이러한 갖가지 소동 속에서 이날 오전 9시 20분경, 수송분대 권상호 사령관에게 뜻밖의 전문이 날아왔다.

"사태 급변으로 주월남 한국대사관 연락장교와 통신요원 2명 긴급 철수함. 통신 장치 파기함. 안전 항해와 건투를 기원함."

전문을 본 권 사령관은 순간 숨이 막히고 가슴이 요동쳤다. 최악의 비상사태가 벌어졌음을 직감했다. 사이공 대사관에 남아있던 이문학 중령과 통신요원 두 명의 안위가 걱정됐다. 만에 하나 이들이 탈출하지 못하고 적에게 붙잡힌다면 교민 철수를 위한 '십자성 작전'도 물거품이 되는 것이었다. 불안감에 가슴이 찢어질 것만 같았다.

지휘부 참모들과 함장들 역시 전문을 보고 어찌할 바를 모른 채 얼어붙었다. 대사관과의 통신 장비를 파괴한다는 것은 3명의 해군 장병 생사가 위태롭다는 뜻이었다. 나아가 수송분대 2척의 LST가 이역만리 낯선 바다에서 어떠한 정보도 없이 방황해야 한다는 말과도 같았다. 이제부터는 알아서 주어진 임무를 수행하고 생존을 도모해야만 했다.

난민과 교민을 가득 태운 2척의 수송분대 함정은 걱정과 불안을 안은 채, 푸꾸옥을 향해 비틀거리며 꾸역꾸역 항해했다.

대사관, 사이공 철수작전 돌입

사이공의 한국대사관은 아침 8시, 대사를 비롯해 전 공관원이 참석한 가운데 철수를 위한 마지막 회의를 했다.

이 자리에서 이대용 공사는 미국과 북베트남이 비밀협상을 가졌다는 내용의 비밀 정보를 보고했다.

내용은 미국이 남베트남에 북베트남이 원하는 정권을 세운 후 남베트남 정권과 북베트남 정권의 통일 연립정권을 구성하는 방안을 추진하고 있다는 것이었다. 미국은 미국인과 친미 전력을 가진 남베트남인을 철수시키는 데 필요한 시간을 벌려는 것이 현재 상황이라고 이대용 공사는 말했다.

이에 김영관 대사는 "그렇다면 월남 정권은 완전히 끝났다는 말인데, 정확히 그날이 언제라고 생각합니까? 오늘입니까? 아니면 내일인가요? 그도 아니면 미국대사관은 도대체 언제 철수한다고 합니까?"라고 물었다.

이에 이대용 공사는 "미국대사관은 늦어도 2, 3일 안에 철수할 것 같습니다. 다만 그레이엄 마틴 대사는 당장 철수를 서두르지 않는 뉘

앙스라서 그게 좀 헷갈립니다. 사이공 CIA 지부장의 말에 의하면 미국무부와 마틴 대사가 서로 엇박자를 보이고 있다는데 도대체 누구의 말이 맞는지 모르겠습니다."라고 답했다.

김영관 대사는 완고한 마틴 대사의 성격상 충분히 그럴 수 있다고 생각했다. 마틴 대사는 미국이 순순히 남베트남을 공산정권에 내줄리 없다고 믿는 원칙주의자였다. 그러나 이미 남베트남의 붕괴는 피할 수 없는 운명이었다.

"이제부터 사이공의 대한민국 대사관은 철수를 시작하겠소. 모두 수단과 방법을 가리지 말고, 철수에 차질이 없도록 서두르시오."

대사관은 마지막 회의를 마치자 곧바로 철수작전에 돌입했다. 한국대사관은 한국 해군의 LST 군함이 4월 26일 교민을 싣고 사이공을 떠남에 따라 민항기를 이용해 개별 철수하거나 미국대사관과 보조를 맞춰 철수하는 수밖에 없었다.

당시 미국대사관은 미국과 동맹국 국민을 탈출시키기 위해 4단계의 철수 방법을 갖고 있었다. 1단계는 민항기를 이용한 철수, 2단계는 공군 수송기를 이용한 철수, 3단계는 해상을 통한 철수, 4단계는 이 모든 방법이 불가능할 경우 헬리콥터를 통한 탈출이었다.

오전 9시가 조금 지났을 무렵, 이상훈 참사관이 미국대사관으로부터 비상 철수계획이 곧 시작된다고 대사관에 통보했다. 공항까지 이동할 버스를 보낼 터이니 두 시간 이내에 철수 준비를 완료해 달라고 말했다.

대사관에 있던 공관원들은 신속하게 움직였다. 김영관 대사는 먼저 통신 장치 파괴를 명령했다. 이에 나는 해군 수송분대와 연락을 취하기 위해 잔류한 통신사 변종근 중사와 전자사 김형태 중사에게 최후 전문을 발송한 후 장비를 파기하라고 지시했다.

최후 전문 내용은 "사태 급변으로 대사관의 연락장교와 통신요원이 긴급 철수하게 됨에 따라 통신 장치를 파기하니, 안전 항해를 기원한다."라는 것이었다. 전문을 발송한 두 명의 통신요원은 곧바로 통신기를 부순 뒤 소각했다.

김영관 대사는 철수 준비가 끝났음을 확인하자 국기 하강을 지시했다. 비통했다. 사이공에서 한국대사관이 이 시간부로 폐쇄되어 역사 속의 한 페이지로 남게 되는 순간이었다.

김영관 대사와 이대용 공사, 안희완 영사, 이상훈 참사관이 국기 게양대로 가서 태극기를 천천히 내렸다. 대한민국 언론인 중 유일하게 사이공에 남았던 한국일보 안병찬 특파원이 이 장면을 생생하게 카메라로 담았다.

오전 10시 무렵, 사이공 시내에 커다란 폭음이 울렸다. 곧이어 요란한 사이렌 소리와 함께 통행금지령이 내려졌다. 거리 곳곳으로 남베트남 군인들이 쏟아져 나와 철조망과 바리케이드를 설치하는 등 교통을 통제했다. 미국이 제공하는 버스를 타고 탄손누트 공항까지 가려던 대사관 직원들은 꼼짝없이 대사관에서 발이 묶였다.

11시가 조금 지나 미국대사관 칸 손빈Khanh Son Binh 1등 서기관이 직접 한국대사관으로 달려왔다. 오늘 철수 일정이 전면 취소되었다고 긴박한 소식을 전했다. 조금 전, 전선으로 향하던 남베트남 공군 F-5 편대에서 가장 후미에 있던 전투기 1대가 이탈해 즈엉 반 민 Duong Van Minh 대통령의 취임식이 거행되고 있는 독립궁을 폭격했다고 상황을 설명했다. 폭격은 독립궁 지붕을 관통한 후 독립궁 접견실까지 피해를 줘 사이공 전역에 비상이 발령됐다고 부언했다.

칸 손빈 서기관은 "내일 정확한 시간을 정할 수는 없지만 철수할 버스와 항공편을 준비하겠다."고 약속한 뒤 되돌아갔다. 철수 준비를 마치고 대사관 앞에 모였던 직원들은 허탈했다. 철수는 이제 누구도 장담하지 못할, 시계 제로視界 Zero의 백지상태가 되어 버렸다.

대사관 직원, 각자도생 나서

대사관 직원들은 다시 비상 회의를 했다. 이 자리에서 김창근 서기관은 미 국방무관실Defense Attache Office이 제공하는 철수 비행기를 타기 위해 공관원 전원이 탄손누트 공항으로 갈 것을 제안했다.

반면 이상훈 참사관은 미국대사관이 제공하는 철수 편을 기다리자고 했다. 공관원 간 의견이 일치하지 않자 김영관 대사가 중재에 나섰다.

김 대사는 "이제 우리가 할 일은 없소. 개인적으로 나갈 수 있는 사람은 나가도 좋습니다."라고 말했다. 이에 따라 김기원 공보관과 최병훈 건설관은 개별적으로 공항으로 가서 민항기를 타겠다고 의사를 밝혔다. 둘을 제외한 나머지 공관원 모두는 대사관저에 남기로 했다.

김기원 공보관과 최병훈 건설관은 자동차를 타고 탄손누트 공항으로 달렸다. 김 공보관은 '에어 베트남'으로 출국하는 비행기표를 갖고 있었다. 하지만 최 건설관은 비행기표가 없어 공항 현장에서 표를 구하기로 했다.

공항에 도착하자, 표가 없는 최 건설관은 출국 심사대에서 여권에 50달러를 끼워 뇌물로 준 뒤 통과했다. 그는 이어 면세구역이 있는 대기실로 김 공보관과 함께 들어갔다.

공항은 시골 장터처럼 왁자지껄 붐볐다. 면세구역과 출국 대기실도 발 디딜 틈이 없을 정도로 인산인해를 이뤘다. 예정됐던 항공기들이 결항되거나 취소되면서 활주로가 텅 비자, 비행기표를 쥔 출국 예정자들은 발을 동동 굴렀다.

그때 민항기 한 대가 예고 없이 날아와 활주로로 미끄러져 들어왔다. 그러자 대기실에 있던 사람들이 자신들의 비행기표와 상관없이 먼저 타려고 앞다투어 뛰어나갔다. 두 사람도 같이 달려갔다.

그 순간이었다. 어디선가 공군 전투기가 나타나 공항에 폭탄을 투하했다.

"꽝", "꽈광"

요란한 폭음과 함께 검붉은 연기가 솟구치자 공항은 아수라장이 됐다. 오전에 사이공의 독립궁을 폭격한 것과 같이, 남베트남 소속 공군 전투기가 민간인이 몰려있는 공항에 폭탄을 떨어뜨린 것이었다. 아군이 적이 되어 공격하는 믿기 어려운 일이 대낮에 버젓이 벌어지고 있었다.

김 공보관과 최 건설관은 느닷없는 폭격에 활주로 옆 하수도 공사장 부근으로 뛰어가 엎드렸다. 10분쯤 지났을 때, 조종사 복장을 한 사람이 비행기 쪽으로 뛰어가는 것이 보였다. 직감적으로 저 사람이 민항기 조종사이며 긴급히 도망가려고 한다는 생각이 들었다.

두 사람은 그를 따라 무작정 달려 비행기 트랩에 올랐다. 비행기 표 따위는 아무 소용이 없었다. 먼저 탄 사람이 임자였다.

이렇게 눈치 빠르게 달려간 100여 명의 승객만이 비행기에 올라타 사이공을 탈출할 수 있었다. 승무원도 없는 항공기였다. 이때 시간이 오후 6시경이었다.

김 공보관은 이륙 후 상황을 살펴보니 항공기의 목적지가 태국 방콕인 것을 알았다. 그래서 마이크를 잡고 탑승객 중 한국인은 소속, 성명, 주소, 전화번호를 적어내라고 말했다. 확인해 보니 두 사람을 포함해 모두 38명이었다.

이 명단은 비행기가 방콕에 도착하자마자 공항 대기실에서 방콕의 AP통신을 통해 각 언론사로 전달되었다. 대한민국의 주요 언론은 4월 29일, 이 명단을 대대적으로 보도했다.

대사관, 잔류 교민 철수에 최선

대사관이 국기를 하강하고 철수에 들어간 이날도 수많은 교민이 나타났다.

김영관 대사와 공관원들은 끝까지 이들 교민을 외면하지 않았다. 미국이 잔류 교민의 철수에 도움을 주기로 약속했으니 각자 공항으로 가서 미 국방무관실로 가라고 알려줬다. 교민들은 지푸라기라도 잡는 심정으로 공항의 미 국방무관실을 찾아갔다.

이들 교민 중 다행히도 일찍 공항에 간 사람들은 괌으로 철수하는 미 군용기를 얻어 타고 떠날 수 있었다. 이들이 훗날 괌 교민 역사의 시작이었다. 반면 일부는 부정기적으로 운영되던 미 군용기를 기다리다가 지쳐 타지 못하고 되돌아왔다. 이들 대부분은 끝내 사이공을 탈출하지 못했다. 운명의 갈림길이었다.

김영관 대사는 늦은 오후, 각종 집기가 빠져나가 휑한 대사관에서 본국에 현지 정세와 교민 철수 상황을 전화로 보고했다. 다음은 주요 보고사항 내용이다.

"현 상태로는 사이공을 포위한 북베트남군의 포격이 주야로 계속될 것으로 보임. 특히 사이공 시내에 적의 전투공병 부대가 침투함. 약 700명으로 구성된 이들 전투공병은 사이공항을 비롯해 주요 기반 시설을 공격하기 위해 준비를 마쳤다고 전해짐. 사이공 총공격이 임박했다는 신호임. 반면 월남 정부는 모든 행정력이 마비 상태임.

이미 전 행정기관에 적의 조직이 침투되어 있다고 판단됨.

사이공에 잔류한 교민 중 100여 명이 오늘 민항기와 미국 국방무관실이 제공한 군용기 편으로 철수함. 본 대사관의 김기원 공보관과 최병훈 건설관도 민항기 편으로 철수함. 본 대사관은 오늘 오전 11시를 기해 미 대사관이 준비한 항공기 편으로 전원 철수할 계획이었으나 사정상 내일로 연기됨. 정확한 철수 시간은 아직 알 수가 없음."

전화를 마친 김영관 대사는 창밖을 봤다. 어느덧 어둠이 짙게 드리워진 오후 10시경이었다. 창밖의 사이공 시내 야경은 여전히 화려하고 아름다웠다.

문득 밤하늘 아래 외롭게 항해하고 있을 해군 수송분대가 떠올랐다. 교민을 태우고 푸꾸옥으로 향하는 해군 장병들이 참으로 고마우면서도 걱정이 됐다. 과연 아무 일 없이 본국으로 무사히 귀환할 수 있을지, 십자성 작전이 성공적으로 마무리되기까지는 아직도 헤쳐나가야 할 관문이 적지 않았기에 마음에 걸렸다.

김영관 대사는 다시 전화기를 움켜쥐었다. 사이공의 대사관에서 어쩌면 본국으로 거는 마지막 전화일지도 몰랐다. 수송분대와 직통으로 연결하는 통신수단이 파기됐기에 대한민국 해군본부를 통해 꼭 전달해야만 했다. 다음은 김 대사가 해군본부에 수송분대 운영과 관련해 전달을 당부한 내용이다.

"첫째, 810계봉함이 구호품과 월남 피란민 537명을 하선시킬 때, 810함에 탑승한 교민 및 가족 152명은 함상에 잔류시킨다. 한국 교민과 가족을 본국으로 철수시킨다는 사실을 월남 피란민과 외부인이 인지하지 못하도록 보안에 유의하라. 둘째, 외부 선박의 접근 또는 부당한 요구에 응하지 말라. 셋째, 810함은 구호품과 피란민을 하선 후 야간에 푸꾸옥을 떠나라. 넷째, 한국 교민과 가족을 본국으로 철수시키는 비밀 계획이 노출되어 월남 당국이 항의하면 사이공으로 재귀항한다고 위장하라. 다섯째, 월남 피란민이 푸꾸옥섬이 불안하다는 이유로 하선을 거부하면 인도적 견지에서 월남 피란민의 희망을 존중하라."

1975년 4월 29일

푸꾸옥에서 난민 하선

해군 수송분대의 LST 2척은 4월 29일 아침, 이틀간의 항해를 마치고 푸꾸옥 근해에 도착했다.

계봉함 함장인 박인석 중령은 이른 새벽부터 마음이 바빴다. 교민 철수를 위한 십자성 작전을 마무리하는 시간이었다. 남베트남 정부와 약속한 피란민과 구호품을 푸꾸옥섬에 하선해야 비로소 귀국 길에 오를 수 있었다.

남베트남 피란민을 태운 계봉함이 단독으로 수행해야 하는 마지막 임무였다. 기함인 북한함은 멀리 떨어져 상황을 지켜볼 뿐이었다. 함장인 박 중령의 마음은 외롭고 몸은 바짝 움츠러들었다.

수심이 깊은 외곽 바다에는 미군 구축함과 대형 수송선이 대기하고 있었다. 모처럼 우방국의 함정을 보니 반가웠다. 이제 남베트남 해군에 연락해 피란민과 물자를 인계하면 임무는 종결되는 것이었다. 그런데 남베트남 해군과 연락이 되지 않았다.

계봉함 함장의 마음은 답답하면서도 복잡했다. 남베트남 해군이 부두를 제공하고 계봉함이 접안해 난민과 물자를 하선하는 것이 원래의 계획이었다. 남베트남 해군의 지원이 없으면 불가능한 일이었다. 함장인 박 중령은 계획이 틀어졌음을 직감하자 막막함에 힘이 쭉 빠졌다.

여러 가지 생각이 떠올랐다. 사이공 뉴포트항을 빠져나올 때 내려진 남베트남 정부의 체포령과 관련이 있을 듯싶었다. 남베트남 정부에겐 이미 한국 해군이 적이 되어버린 마당에 그들이 요청한 난민 하선은 없던 일이 된 셈이었다. 아니면 이미 남베트남 정부가 붕괴하여 행정이나 명령 체계 등 모든 것이 마비된 것일 수도 있었다. 전날 대사관과 연락을 주고받던 통신 장비가 파기된 상태에서 누구에게도 물어볼 수가 없었다.

함장인 박인석 중령은 함에 가득 실린 피란민과 물자를 어떻게 해야 할지 고민에 빠졌다. 이대로 싣고 본국인 대한민국 땅으로 귀항할 수는 없었다. 수단과 방법을 가리지 말고, 이들 난민과 구호품을 하역해야만 했다. 마침, 외항에 정박 중인 미군 구축함 아메리칸 챌린저호가 보였다. 무전으로 푸꾸옥 상황에 대해 물어봤다.

미군 아메리칸 챌린저호에서 곧바로 회신을 보내왔다.

"아직 별다른 이상은 없다. 우리는 탑승 중인 피란민 전원을 하선 조치할 것이다. 일부는 푸꾸옥에 하선시키고, 나머지 피란민은 괌으로 이송할 것이다."

계봉함 함장은 미 함선이 보내온 내용에 다소 안심했다. 미군이 하선을 하면 우리도 할 수 있다고 생각했다. 문제는 하선 시 난민들이 이를 거부하거나 소동을 일으킬 경우였다. 그들에겐 푸꾸옥의 수용소로 보내지는 것이 생사와 관련된 문제였기에 무슨 짓을 저지를지 몰랐다. 되도록 신속히 피란민과 물자를 하선·하역하고 고국으로 돌아가야만 했다.

"수송분대는 지금 즉시 하던 일을 멈추고 본국으로 귀항하라."

본국의 해군본부에서 또다시 즉시 귀국하라는 명령이 떨어졌다. 계봉함 함장인 박 중령은 움찔했다. 이대로 귀환할 수도 없는 상황이었다.

기함에 탄 권상호 사령관은 전문을 보자마자 해군본부의 지시를 거부하고 계봉함의 난민 하선을 계속하라고 명령했다.

계봉함 함장인 박인석 중령은 난민을 하선시키기 위해 섬 연안에 접근했다. 그리고 몇 번 접안을 시도했으나 실패했다. 푸꾸옥의 조석표潮汐表가 없어 물때를 가늠할 수가 없었다. 한국에서 출발할 당시 푸꾸옥이 경유지가 될지 몰라 준비하지 못한 탓이었다. 물때를 모르면 접안이 불가능했다.

박 중령은 등에 진땀이 흘렀다. 푸꾸옥의 남베트남 해군과는 아직도 통신이 되지 않았다. 지나가는 배들에 도움을 청해도 모른 척 응답이 없었다. 시간은 마냥 흘러갔다.

문득 사이공 뉴포트항에서 식수와 기름을 보급할 때 사용했던 꼼수가 떠올랐다. 라면을 뇌물로 썼던 방법이었다. 계봉함은 바다에 닻을 내리고 함수 램프(문)를 열었다.

계봉함 장병들은 창고에서 라면 상자를 꺼내 램프 앞쪽에 쌓아놓고 지나가는 배를 유혹했다. 모른 척 도망가기 바빴던 LCU Landing Craft Utility, 상륙정 한 척에 이어서 또 한 척의 LCM Landing Craft Medium, 중형 상륙선이 물살을 가르며 접근해 왔다. 라면 상자가 몇 개 건너가고서야 LCU와의 계류가 가까스로 이루어졌다.

이어 계봉함은 난민들에게 "목적지에 도착했으니 가지고 온 모든 이삿짐을 들고 안전하게 하선하라."고 방송했다. 먼저 내리기를 원하는 몇 사람을 하선시키자 난민들이 보따리와 재산을 챙겨 줄지어 따라 내렸다.

함장인 박 중령은 초조한 마음으로 하선을 지휘했다. 그런데 한 장병이 뛰어왔다.

"함장님! 월남 난민 일부가 하선을 거부합니다."

내심 조마조마하던 일이 터졌다. 박 중령은 어수선한 갑판의 함상 마을로 건너갔다. 몇몇 사람이 갑판 한쪽에 짐을 쌓아놓고 하선을 안내하던 장병과 언쟁을 벌이고 있었다. 통역을 맡은 교민 대표가 난처한 얼굴로 상황을 설명했다.

"자기들은 여기서 내리지 않겠답니다. 제3국으로 보내달랍니다. 푸꾸옥으로 올 줄 몰랐으니, 한국 해군이 책임지라고 항의하고 있습니다."

오늘날 베트남의 신흥 관광 명소로 인기가 많은 푸꾸옥은 당시에는 아무것도 없는 불모지였다. 캄보디아에서 불과 10마일 떨어진 이 섬은 난민 집결지이자 포로수용소로 사용되었다. 기반 시설이 전혀 없어 누가 보더라도 삭막한 유배지로 여길 만했다.

박 중령은 침착한 목소리로 그들을 설득했다.

"당신들이 제3국으로 가는 것은 자유다. 우리 대한민국은 월남을 돕기 위해 구호품을 싣고 먼 길을 왔다. 그런데 지금 사이공이 위태롭다. 그래서 당신네 정부는 격전 중인 사이공에서 벗어나 당신들을 이곳으로 피신시켜 달라고 부탁했다. 우리는 그 부탁을 들어주는 것뿐이다. 우리가 제3국으로 당신들을 보내줄 수는 없다. 외교적으로 문제가 복잡하기도 하지만 그럴 준비도 되어 있지 않고, 또 그럴 의무도 없다. 제3국으로 가려면 이 배에서 내려 다른 방법을 찾아야 할 것이다."

몇몇 남베트남인이 알아들었다는 듯 고개를 끄덕였다. 자기네들끼리 수군거리더니 이윽고 한두 명씩 짐 보따리를 챙기기 시작했다. 박 함장은 조용히 안도의 한숨을 내쉬었다.

탑승 중이던 남베트남 피란민 537명과 베트콩 협력자로 의심되는 자 30명 등 총 567명이 상륙정으로 옮겨져 무사히 땅을 밟았다.

1975 사이공 대탈출

문제는 무거운 차량과 800개의 용도를 알 수 없는 드럼통이었다. 무게 때문에 상륙정으로 옮길 수가 없었다. 함의 안전과 작업 시간 단축을 위해서는 접안이 최선의 방법이었다.

계봉함은 난민 하선이 끝나기가 무섭게 다시 접안을 시도했다. 그러나 여러 차례 접안을 반복했지만, 얕은 수심과 조석 때문에 실패했다.

어느덧 날이 어두워지고 있었다. 어쩔 수 없이 다음 날 만조를 기다려 다시 시도하는 수밖에 없었다. 계봉함은 외항으로 이동해 닻을 내렸다.

한편, 해군본부 지시에 따라 뒤늦게 붕따우로 이동하면서 한국과 수송분대의 통신 중계 임무를 수행하던 덕봉함LST-808은 이날 귀환 명령을 받았다. 덕봉함은 이날 오전 7시 30분, 베트남 퀴논Quy Nhon 동방 235마일에서 베트남 정세 악화로 끝내 베트남 땅을 밟아보지 못한 채 임무가 중지되어 귀국길에 올랐다.

기함 바뀌고, 교민 분승分乘하다

계봉함은 닻을 내리고 다음 날 접안을 위한 준비에 들어갔다. 함에 실린 차량과 800개의 드럼통, 그리고 남은 피란민을 하선하면 작전은 종결되는 셈이었다.

함의 기관실은 귀국 준비에 여념이 없었다. 기관실 장병들은 지난 번 항해 중에 일어난 기관 고장의 악몽을 되풀이하지 않기 위해 점검에 박차를 가했다. 함 곳곳에서 구슬땀을 흘리는 장병들은 이제 내일이면 귀국길에 오른다는 생각에 힘든 줄 모르고 바짝 업무에 매달렸다.

"함장님, 사령관님의 긴급 전문입니다. 기함인 815함의 주 통신 장치가 고장이 났다고 합니다."

함장인 박인석 중령은 깜짝 놀라 하마터면 들고 있던 커피잔을 쏟을 뻔했다. 전혀 생각지도 못한 일이었다. 배에서 주 통신 장치가 고장 났다는 것은 곧 본국과의 정보 교신이 완전히 끊긴다는 의미였다. 장기간의 귀국 항해를 앞두고 끔찍한 상황이었다. 보조 통신 장치는 가까운 곳에 있는 함정만 연락할 수 있었다.

"사령관님께서 우리 함의 주 통신기를 815함으로 이전하라고 하십니다."

박 중령은 "뭐라고?" 하며 반발하듯 비명을 질렀다. 참으로 곤혹스러운 요구였다. 박 중령은 통신병에게 '불가'하다며 다음과 같이 보고하도록 했다.

"첫째, 통신기는 함 지휘의 핵심 장비다. 이를 기함에 이전하다 만일 고장이 발생하면 그 책임은 계봉함 함장에게 있다. 지금 계봉함과 기함에는 이전 전문가가 없다. 따라서 이전을 할 수 없다.

둘째, 전투지역에서 주 통신기를 타 기관에 대여함은 자기 머리를 잘라버리는 것과 같은 자멸 행위다. 따라서 계봉함의 생존을 위해서라도 이전할 수 없다.

셋째, 작전지역에서 필수 장비를 위험하게 이전하기보다 차라리 소수의 지휘부가 계봉함으로 이동해 임무를 수행하는 것이 합리적이다. 그렇게 하기를 건의한다."

계봉함 함장의 이러한 건의에 권상호 수송분대 사령관은 "좋은 생각"이라며 제안을 반겼다. 동시에 지휘부가 이동하는 것과 발맞춰 북한함에 탑승한 교민 상당수도 계봉함으로 이동하기로 했다. 567명의 남베트남 난민이 하선했기에 비워진 계봉함 함상으로 수백 명의 교민을 옮기는 것은 당연한 일이었다.

이날 오후 11시 30분경, 푸꾸옥 외항 안전 해역에서 교민 분승 작업이 이루어졌다. 만일을 대비해 계봉함과 북한함 장병들이 전투배치된 가운데 두 척이 해상 계류했다. 어두운 밤하늘 아래에서 수백 명의 교민들이 질서정연하게 북한함에서 계봉함으로 옮겨 탔다.

새롭게 기함이 된 계봉함에는 베트남 난민과 교민 685명, 지휘부가 빠져나간 북한함에는 656명이 탔다. 장병을 제외한 총 승선자는 1,341명이었다.

승선자 중 한국 국적을 가진 교민은 319명이었다. 이 가운데 172명은 여권을 소지하고 있었고, 147명은 소지하지 않았다. 14세 이하 114명은 부모의 여권에 등재되어 있었다. 교민 33명은 여권을 분실했거나, 여권이 없는 상태였다.

한국인과 결혼 등 긴밀한 관계가 있거나 고위층 신분의 남베트남 인은 988명이었다. 이 가운데 한국 국적을 이미 취득한 35명이 포함 되어 있었다. 남베트남인 가운데 593명이 출생 증명, 혼인 증명, 여 권 등 증명서를 소지하였고, 35명은 증명서를 소지하지 않았다. 중 국인이 33명이었고, 필리핀인 1명, 프랑스인 1명이었다.

2척의 갑판에 세워진 함상 마을도 다시 정렬하여 재배치됐다. 시 간은 어느덧 긴 하루가 저문 자정 무렵이었다.

대사관, 운명의 사이공 탈출

4월 29일 이른 새벽부터 사이공 시내에 요란한 폭음이 울려 퍼졌다. 사이공을 탈출할 수 있는 유일한 항공로인 탄손누트 공항에 불길이 솟구쳤다. 공산군이 퍼부은 로켓포와 박격포 공격으로 공항은 화염 에 휩싸인 채 마비되었다.

이에 따라 이곳에 있던 미국대사관 무관부 소속 DAODefense Attache Office가 관장하던 C-130 수송기와 헬리콥터 수송 업무가 서둘러 종 결되었다. 포탄이 떨어져 관계 장병 2명이 사망하는 불상사가 생기 자 미군은 긴급 철수에 들어갔다.

이제 미국대사관과 한국대사관, 그리고 수많은 피란민의 철수 창 구는 단 한 군데로 좁혀졌다. 오직 미군 헬기를 통한 비상 탈출만이 남아있을 뿐이었다.

대사관의 전 직원과 일부 교민들은 전날 밤을 대사관저에서 합숙하며 뜬눈으로 지새우다시피 아침을 맞았다. 그러나 이때까지만 해도 이날이 남베트남 패망 전날임을 아무도 실감하지 못했다. '미국이 있는데, 설마 무슨 일이 있겠는가?' 하는 것이 모두의 속마음이었다. 최소한 남베트남이 망하더라도 사이공을 탈출하는 것에는 큰 어려움이 없을 줄 알았다.

김영관 대사는 아침 일찍부터 동분서주했다. 김 대사는 오전 8시경 관저와 좀 떨어진 한국대사관으로 가서 기밀문서의 파기 여부를 확인하라고 이대용 공사에게 지시했다. 이대용 공사는 나와 이달화 소령을 대동해 관저를 떠났다.

김 대사는 또 이상훈 참사관 등 3명을 미국대사관으로 보내 "상황이 어떻게 되는지 알아보라."고 지시했다. 이들은 곧 되돌아와 "오늘 철수한다. 출발지는 미 대사관 후문의 헬기장이 될 것"이라며 미국대사관의 계획을 전달했다.

이 사이 수많은 교민이 대사관저로 몰려들었다. 전화도 불이 났다. 꼬리에 꼬리를 물고 찾아온 교민들은 어림잡아 100여 명에 가까웠다.

대사관 직원들은 그렇게도 해군 LST를 타라고 종용했을 때 외면했다가 불쑥 들이닥친 교민들에게 화가 났다. 하지만 차마 외면할 수는 없었다. 대사관 측은 이들에게 미국대사관이 철수작전 시 집결지인 가까운 헬기장으로 가거나, 아니면 미국대사관으로 직접 가라고 알려줬다.

미국대사관은 당시 긴급 철수 상황이 되면 FM 방송 아메리칸 라디오 서비스를 통해 매 15분 간격으로 '화이트 크리스마스 노래White X-mas song'를 2번씩 반복해 2시간 동안 암호 방송하기로 약속되어 있었다.

이 방송이 나오면 모든 철수 대상자는 17개소의 집결 지정장소 Assembly Point로 가서 철수하게 되어 있었다. 그러나 화이트 크리스마스 노래는 끝내 방송되지 않았다.

모두 막연하게 기다리는 동안 미국대사관의 톰슨 1등 서기관으로부터 전화가 걸려 왔다.

"철수작전이 시작됐다. 어셈블리 포인트 3으로 집합하라."

미국대사관으로부터 연락이 오자, 김영관 대사를 비롯한 직원들과 일부 교민들은 서둘러 대사관저를 떠났다.

나와 이대용 공사, 그리고 이달화 소령은 한국대사관에 가서 문서 파기 상태를 확인한 뒤, 다소 늦게 대사관저에 도착했다. 도중에 이대용 공사와 친분이 있던 남베트남 전 부수상 찬 반 튀엔의 집에 들러 정세에 대해 논의하느라 시간을 지체했기 때문이었다.

김영관 대사 등 다수의 일행이 떠난 후, 대사관저에는 정영순 대령, 서병호 총경, 대사관 파견 해군 통신요원 2명, 예비역 해군 하사관 가족 4명이 남아있었다. 이들도 모두 먼저 떠난 대사의 뒤를 따라 함께 어셈블리 포인트 3을 향해 출발했다.

비상 철수계획 집결지로 지정된 어셈블리 포인트 3은 대사관저에서 불과 700~800m 거리에 있었다. 미국 국제개발처USAID, United States Agency for International Development 직원용 소형 아파트 건물로, 옥상이 헬기장이라고 했다. 서둘러 약속 장소에 가보니 아무도 보이지 않았다. 건물 경비원은 엄격하게 접근을 막으면서 한국대사 일행이 왔다가 갔다고 전했다.

곧장 방향을 미국대사관으로 옮겼다. 미국대사관 주위는 피란민들로 인산인해를 이루고 있었다. 총을 든 미군이 출입을 엄격히 통제했다. 이대용 공사를 비롯한 일행이 외교관 패스와 군 신분증 등을 보여주자 가까스로 들여보내 주었다. 이때가 오전 11시였다.

미국대사관 안에는 다른 공관원들과 낯익은 교민들이 삼삼오오 모여 있었다. 대사관 마당에 큰 느티나무 두 그루가 있었는데, 대형 크레인으로 밑동까지 잘라내어 헬리콥터 착륙장을 만들고 있었다. 대사관 경내는 약 3,000명의 난민이 몰려들어 사실상 통제가 불가능한 상태였다.

미국대사관은 6,000평이나 되는 드넓은 대지 위에 자리하고 있었다. 대사관은 크게 본관과 레크리에이션 센터로 나누어져 있었는데, 원래는 하나의 마당에 들어서 있었으나 1968년 구정 공세로 베트콩에게 기습당한 후로는 두 곳 사이에 높이 5m의 거대한 담벼락을 쌓았다.

미국대사관에 몰려든 난민들은 레크리에이션 센터의 수영장 둘레에 집결했다. 여기서 우선순위 번호에 따라 줄을 세운 후 본관과의 통문을 통해 입장했다. 본관 마당에서 헬기 2대에 탑승할 인원은 한번에 120명이었다.

원래 미국대사관에는 옥상에 2개의 헬기 착륙장이 있었다. 그런데 이날 새벽 사이공의 탄손누트 공항이 폭격당해 폐쇄되자 미국대사관이 모든 항공수송 작전의 중심지가 됐다. 엄청나게 많은 피란민이 몰려들자, 기존의 헬기장으로는 감당할 수가 없었다. 대사관 마당에 급히 헬기장을 만든 것도 이 때문이었다.

옥상의 헬기장은 각국 대사 및 남베트남 고위층 인사들의 탈출용으로, 마당의 헬기장은 다양한 신분의 피란민 수송용으로 사용될 예정이었다.

이 시각, 사이공의 관문인 붕따우 외항 50마일 해상에는 남베트남 피란민 철수작전을 위해 미 7함대 소속 함정들이 대거 집결해 있었다. 불과 2주일 전 캄보디아 프놈펜Phnom Penh에서 마지막 미국인 탈출작전에 참가했던 미 해병대 헬리콥터 항모 룰트호를 비롯해 코럴시Coral Sea, 핸코크Hancock, 미드웨이Midway, 오키나와Okinawa호 등이 기함 오클라호마Oklahoma 순양함에 탄 7함대 사령관의 지시를 기다렸다.

또한, 미사일 순양함 롱비치Long beach호, 덴버Denver호 외에 구축함 20여 척과 피란민 수송용 미 해군 용역선 밀러Miller호 외 4척 등 총

44척의 함선, 270대의 항공기, 6,000명의 해병을 거느린 거대한 기동함대까지 펜타곤국방부의 최종 명령을 기다리고 있었다.

미국대사관에 모인 수많은 피란민은 속히 치누크 헬기가 오기만을 목이 빠지도록 기다렸다. 그러나 헬기는 오랫동안 오지 않았다.

늦게 온 헬기에 탈출 아우성

시간은 흘렀다. 약속된 시간이 훌쩍 지나도록 헬기가 도착하지 않자, 미국대사관은 급히 남베트남 해상에 대기하던 미 7함대와 연락을 취했다. 그 결과, 깜짝 놀랄 만한 엄청난 착오가 생겼음이 밝혀졌다.

이날 미 7함대는 남베트남 피란민 철수계획이 가동됨에 따라, 미국대사관 무관부의 해병이 관장하던 업무를 인수하는 과정에서 L-HOUR헬기 착륙시간에 대한 해석에 혼선을 빚고 있었다. 미 7함대 소속 해군은 L-HOUR를 작전 개시 시점으로 이해했고, 미국대사관 소속 해병은 헬기가 대사관에 착륙하는 시점으로 이해했다. 작전 개시부터 헬기 착륙까지 몇 시간의 오차가 발생한 것이었다.

마침내, 첫 번째 헬리콥터가 미국대사관 마당으로 착륙했다. 오후 2시 30분경이었다. 애초 계획된 시간보다 2시간 이상 늦게 도착한 것이었다. 동시에 본관으로 연결되는 통문이 열렸다. 탑승 순서에 따라 줄을 선 피란민들은 미 해병대원의 안내를 받으며 탑승 장소로 이동했다.

당시 탑승 우선순위는 첫째, 미국 시민권자와 가족, 둘째, 미국 연관업체 종사자와 가족, 셋째, 제3국 공관원과 가족 및 한국 피란민, 넷째, 남베트남 피란민 등이었다.

헬리콥터는 한 번에 여러 대가 편대로 와 10~15분 간격으로 착륙과 이륙을 반복했다. 탑승 인원은 붕따우 외항에 대기하고 있던 미 7함대 함선으로 옮겨졌다.

한국공관원과 교민들은 레크리에이션 센터 수영장 옆에서 오열종대로 질서를 지키며 순서를 기다렸다. 하지만 워낙 많은 피란민이 몰린 탓에 좀체 줄은 줄지 않았다. 지루한 대기시간이 길어질수록 여기저기서 불평과 불만의 소리가 쏟아졌다.

한편, 한국대사관의 김영관 대사는 이날 오전에 미국대사관에 도착하자마자, 이상훈 참사관과 함께 본관의 VIP 대기실로 안내됐다. VIP 대기실에는 마틴 미국대사를 비롯해 필리핀, 자유중국, 남베트남의 고위 인사 등 여러 명이 모여 있었다.

김영관 대사는 본관과 떨어져 있는 한국공관원과 교민들이 궁금하면서도 걱정이 됐다. 그러던 차에 마틴 대사가 "지금 대사를 위한 헬기가 옥상에 와 있다. 먼저 타고 나가라."고 권하자 "한국 교민들이 철수하는 것을 보고 떠나겠다."라며 정중히 사양한 뒤, 아래 마당으로 내려왔다.

대사관 마당에서 보니, 정문 너머로 출입하지 못한 피란민들이 아

150   **1975 사이공 대탈출**

비규환을 이루고 있었다. 사이공을 탈출하기 위한 처절한 몸부림이었다. 일부는 담장을 넘으려는 위험한 행동도 마다하지 않았다.

김 대사는 엄중히 경비하고 있는 미 해병 지휘관에게 대사 신분증을 보인 뒤 "한국 교민들은 여권을 높이 드세요!"라고 외쳤다. 몇몇 교민이 여권을 들고 흔들자 김 대사는 해병 장병에게 양해를 구한 뒤 그들을 인솔해 대사관 안으로 데려왔다.

그러고도 안심이 되지 않자 김 대사는 이상훈 참사관을 세 번이나 아래쪽으로 내보내 교민들의 이상 유무를 확인하게 했다. 이에 교민교회 김상우 목사와 김경준 2등 서기관은 본관 3층 VIP 대기실로 올라가 김 대사를 만나 먼저 출발할 것을 권고했다.

김상우 목사가 "대사님은 외교관이니 지금 떠나야 한다."라고 재촉하자, 김 대사는 "나는 언제든 떠날 수 있지만 남아있는 공관원과 교민들이 떠나는 것을 보기 전에는 마음이 편하지 않다."며 안절부절못했다.

김 대사는 이후 대기실에서 한동안 머무르며 본관 밖의 교민 상황을 초조하게 지켜보았다. 김 대사가 미국대사관에서 할 수 있는 일은 아무것도 없었다. "한국대사관 직원과 교민이 안전하게 철수하길 바란다."고 마틴 대사에게 거듭 당부하는 것이 전부였다. 마틴 대사는 "한국인의 전원 철수는 염려하지 말라."고 재차 약속했다.

저녁이 되자, 대사관 본관 층별로 비상구에 셔터가 내려졌다. 오직 옥상으로 가는 통로만이 남게 되었다. 김 대사는 어쩔 수 없이 몇

몇 다른 나라 대사와 함께 헬기에 올라탔다.

헬기는 어스름한 저녁의 사이공 시내를 벗어나 붕따우 외곽 해상에 머무르던 미 항공모함 핸코크호 갑판에 안착했다. 이때가 오후 7시 20분경이었다.

조급한 판단이 빚은 탈출 참사

김영관 대사가 옥상의 헬기로 빠져나갈 무렵, 미국대사관 본관 아래쪽 상황은 절망적으로 흘러갔다. 철수작전은 예상보다 매우 느리게 진행됐다. 줄을 서 있던 대사관 직원과 교민 누구도 헬기를 타지 못했다.

거뭇거뭇 어둠이 드리워진 오후 7시 40분경, 헬기로 탈출한 김 대사 다음 선임인 이대용 공사가 비상 수단을 결심했다. 순서만을 기다리고 있다가는 언제 헬리콥터를 타게 될지 몰랐다.

이대용 공사는 이달화 소령의 건의에 따라 별관 북쪽 일직 사령실로 가서 미국대사관의 베넷 공사와 통화를 했다. 베넷 공사는 당장 오라고 했다. 이 공사는 본관 건물 아래층에서 엘리베이터를 타고 친분이 있는 베넷 공사 사무실로 갔다.

이대용 공사는 베넷 공사를 만나자마자 "한국대사관 직원과 교민들의 신속한 철수를 도와달라."고 요청했다. 이에 베넷 공사는 "한국의 김영관 대사 외 2명은 이미 떠났다."며 "상황이 다급해서 앞일이 어떻게 될지 모르니, 당신 혼자만이라도 당장 옥상의 헬기를 타고 떠나라."고 말했다.

그러나 이 공사는 아래쪽에서 기다리고 있는 부하직원들과 교민들을 생각해 베넷 공사의 권유를 거절했다. 이 공사는 일행들에게 돌아와 빨리 빠져나가기 위해서는 현장의 통제 군인을 구슬려야 한다고 결론 내렸다. 그리고 통제하는 미 해병에게 다가가 한국인을 먼저 내보내 줄 것을 가까스로 설득하는 데 성공했다.

밤 10시 30분이 지났을 무렵, 미국 시민권자와 가족들이 다 빠져나가고 한국인과 남베트남 피란민만 남았다. 그럼에도 불구하고, 별관 수영장 둘레에는 아직도 대기하고 있는 줄이 한없이 늘어서 있었다. 줄이 다소 줄었다는 생각을 위안 삼아 기다려야 했다.

나를 비롯해 두 명의 해군 통신요원과 몇몇 교민은 출입 철문 5m까지 다가섰다. 이제 다음 차례로 "들어오세요."라고 부르기를 초조하게 기다리고 있었다.

그 순간이었다. 이대용 공사가 대사관 일부 직원과 교민들을 이끌고 통문 쪽으로 걸어 들어갔다. 사전에 통제관의 묵인 아래 행하는 일이었다. 통제관과의 약속은 '절대로 질서를 지킬 것, 조용히 행동할 것'이었다.

처음에는 그대로 진행되었다. 한국인 대열의 선두가 통문 가까이 다가갔다. 그런데 갑자기 한국인 대열의 후미에 있던 몇몇 사람들이

후다닥 뛰어나와 앞줄로 새치기했다. 그러자 대열은 이내 흐트러지고 무질서하게 엉망이 되었다.

이 광경을 지켜보던 수영장 둘레의 다른 나라 사람들도 일제히 통문 쪽으로 쇄도했다. 순서를 기다리던 줄은 이내 난장판으로 바뀌었다. 통문을 지키던 미 해병대 장병은 화들짝 놀라 통문을 막았다. 동시에 "출입을 금지한다."고 외치며 육중한 철문을 철컥 잠갔다.

전혀 예상치 못한 어이없는 상황이 벌어졌다. 통문이 막히자 비명과 욕설에 가까운 외침이 곳곳에서 터져 나왔다. 대사관을 감싸는 밤하늘에 절규하는 소리가 울려 퍼졌다. 일부 교민은 두꺼운 통문 쇠창살을 두드리며 울부짖었다.

슬프고도 비통했다. 한국대사관 공관원과 교민들 전원이 모두 헬기에 탑승할 기회를 스스로 차버렸다. 일부 교민의 섣부른 욕심이 돌이킬 수 없는 최악의 상황을 만들고 말았다.

불안감이 몰려왔다. 특히 현역 군인이 가장 큰 문제였다. 현역은 나와 정영순 대령, 이달화 소령, 그리고 해군 중사 2명이었다. 군인은 사이공 함락을 눈앞에 둔 북베트남군에게 있어 싸움 상대인 적이었다. 붙잡히는 순간 포로가 되어 목숨은 물론 어떤 끔찍한 일을 당할지 몰랐다.

나는 아찔한 마음에 고개를 휘휘 저었다. 만일 이것으로 비상 탈출 작전이 종료된다면 어떻게 해야 하나? 남베트남이 공산화되고 군인들은 포로가 되어 북한의 평양으로 납치된다면 어떻게 해야 하나?

서울에 있는 가족과 고향에 계신 부모님은 어떻게 되나? 등 별별 생각이 필름처럼 머리를 스쳤다.

손목의 시계를 봤다. 어느덧 자정에 가까운 시간이었다. 나는 반드시 탈출하겠다고 각오를 다졌다.

문득 남베트남 해상 어딘가에서 교민을 싣고 항해하고 있을 동료 해군 장병이 떠올랐다. 십자성 작전을 기안한 책임자 중 한 사람인 내가 포로가 되면 모든 것이 물거품이 된다는 생각에 불끈 주먹을 움켜쥐었다.

1975년 4월 30일

수송분대, 푸꾸옥서 신속 철수

기함이 된 계봉함은 날이 밝자마자 남은 장비와 드럼통 하역을 위해 재차 접안을 시도했다.

아침 7시부터 북한함의 엄호 아래 시작된 접안은 그러나 또다시 실패했다. 만조 시간대를 이용한 전투 접안이었지만 얕은 수심이 번번이 함정의 접근을 막았다.

초조했다. 마냥 실패하는 접안을 되풀이할 수는 없었다. 이에 계봉함 함장은 더 이상 접안이 어렵다고 판단하고 비상 수단을 모색했다. 'Bow to Bow Method'를 이용하기로 했다. 이 방법은 해상에서 상륙함이 함미 닻을 투묘하고 함수문과 램프를 내리면, 소형 상륙정이 접근하여 램프를 내려 하역하는 방식이었다.

계봉함이 작업에 한창 몰두하고 있을 무렵, 라디오 방송에서 남베트남 정부가 무조건 항복했다는 긴급 뉴스가 전해졌다. 뉴스의 주 내용은 사이공에 공산정부가 수립되었고, '사이공'의 명칭을 '호찌민Ho Chi Minh'으로 바꾼다는 것이었다.

10시 20분경, 라디오 방송에서 흘러나오는 뉴스 내용은 점점 위협적으로 수위가 높아졌다.

"모든 제3국 선박은 영해 50마일 밖으로 퇴거하라. 그러면 안전하다. 피란민은 즉시 본국으로 귀국하라. 이 명령을 불이행 시 엄정하게 조치할 것이다."

함정에서 이 방송을 들은 교민과 피란민은 물론 함 승조원들까지 참담한 표정으로 술렁대기 시작했다. 계봉함은 막바지 하역 작업에 박차를 가하면서도 방송 소식에 마음이 다급해졌다. 하필이면 램프를 지탱하는 체인이 끊어져 겨우 로프로 비상 조치하면서 마지막 트럭을 내리는 중이었다. 정신이 하나도 없었다.

이때 함교 당직병으로부터 급보가 날아왔다.

"함장님! 월남 해군 함정 7척이 완전 전투배치된 상태로 우리를 향해 고속 접근하고 있습니다."

계봉함 함장인 박인석 중령은 즉시 하역 작업을 중지했다. 그리고 즉각 전투배치 명령을 내렸다. 이에 계봉함 장병들은 닻을 거두고 전투태세에 돌입했다. 함상의 교포와 난민들을 급히 하부 갑판으로 피신토록 했다.

박 중령의 마음은 복잡했다. 그렇지만 머리는 명쾌하게 결정을 내려야 했다. '패망한 월남 해군 함정이 왜 우리에게 접근하는 것인가?' 순간적으로 세 가지 시나리오가 떠올랐다.

첫 번째, 아군 함정을 노린 해적으로 돌변할 가능성이었다. 패잔병이 피란민을 약탈한 사례가 많았기에 우려가 됐다. 두 번째, 남베트남 해군이 제3국으로 도주하는 것이었다. 이 경우 우리에게는 아무 해가 없었다. 세 번째, 남베트남 해군이 우리 배를 검거할 가능성이었다. 이 경우가 최악의 시나리오였다.

계봉함의 기관이 세차게 돌면서 배가 먼 바다를 향해 움직였다. 이제 결정을 내릴 차례였다. 더 이상 머뭇거릴 수가 없었다. 오직 배의 생사여탈을 책임지는 함장만이 할 수 있는 절대 권한이었다.

"남아있는 드럼통 모두를 바다에 투하하라."

함장인 박 중령의 지시가 떨어지자 수백 개의 드럼이 바다에 던져졌다. 총 800개의 드럼 중 이미 500개의 드럼이 하역된 상태였다. 나머지 300개의 드럼이 낙엽처럼 우르르 바다로 쏟아졌다.

"속도를 최대한 높여 항진하라."

약 300개의 빈 드럼통이 함정의 스크루가 만들어 내는 물살을 타고 그물처럼 퍼져 나갔다. 동시에 계봉함은 외해 쪽으로 신속히 빠져나갔다.

반면, 한국 해군 함정을 향해 고속 항진하던 남베트남 해군은 바다에 둥둥 떠 있는 드럼통을 보자 주춤했다. 드럼통 안에 혹시 폭발물이 있지 않을까 겁먹은 듯싶었다. 드럼통과 충돌을 피하기 위해 요리조리 뱃머리를 돌리며 갈팡질팡했다. 이내 선두의 남베트남 함정이 함수를 되돌리자 나머지 배도 차례로 방향을 바꾸었다.

"휴우……."

함교에서 이를 바라보던 함장인 박 중령은 거친 안도의 한숨을 내쉬었다. 최악의 경우 전투가 벌어질 때, 장애물로 활용하려던 계책이 적중한 것이었다. 드럼통을 기뢰나 폭뢰로 여겼다면 엄청난 무기나 다름없었다. 어제의 우방이 하룻밤 사이에 적이 되어버린 순간이었다.

오전 11시 무렵, 해군 수송분대 2척의 LST 함정은 최대 속도로 푸꾸옥을 떠나 미 해군이 정박한 지역으로 이동했다.

해군 수송분대는 약 30분간 전속력으로 항진했다. 그러자 미 해군 DLG미사일 탑재 구축함-22의 엄호 아래 피란민을 이송하고 있는 미국 상선 챌린저호가 보였다. 마침내 안전 해역에 도착한 것이었다.

멀리서 미국 군함과 상선을 보자 그동안 초조해 하던 1,335명의 교민 및 남베트남 피란민들은 일제히 만세를 외쳤다. 이들은 이제 살았다는 안도감 속에 기쁨의 함성을 내지르며 자신들을 구한 대한민국 해군에게 감사의 박수를 보냈다.

해군 수송분대 권상호 사령관은 남베트남 영해를 벗어나자 양 함정의 전투태세 해제를 지시했다. 교민을 태우고 본국으로 귀환하는 일상적인 항해로 전환하라는 뜻이었다. 교민을 함정으로 철수시키는 십자성 작전이 성공적으로 마무리되는 순간이었다. 권 사령관은 통신요원에게 본국에 전문을 보내라고 지시했다.

"해군 수송분대, 단 한 명의 불상사 없이 임무를 완수함. 지금 즉시 교민과 함께 본국으로 귀환하겠음."

권 사령관은 전문을 보내자 가슴 한편이 아려왔다. 잠시 미루어 뒀던 불안감이 도진 것이었다. 사실 십자성 작전은 아직 완전히 끝난 것이 아니었다. 작전의 핵심인 연락장교 이문학 중령과 두 명의 통신요원 생사가 불투명했다. 남베트남이 패망했지만 아직 본국에서는 대사관 직원의 탈출 상황에 대해 어떠한 소식도 전해 주지 않았다.

'신이시여, 제발!'

권 사령관은 짙푸른 망망대해의 바다를 바라보며 속으로 간절하게 외쳤다.

헬기 탑승자와 타지 못한 자

본관의 헬기장으로 향한 통문은 굳게 닫혔다. 어느덧 자정을 넘어 새벽 1시가 가까워지자 모두의 마음은 극도의 불안과 공포에 사로잡혔다. 통문이 잠기자 어쩔 수 없이 미국대사관에 있던 한국인들은 다시 한자리에 모였다.

이대용 공사의 지휘하에 대사관 직원들과 교민들은 레크리에이션 센터 식당의 탁자에 둘러앉아 긴급 구조요청 전문을 작성하는 등 분주하게 움직였다. 지푸라기라도 잡아야 하는 절박한 심정으로 웅성거리며 중구난방 대책을 쏟아냈다.

군인인 나는 이들의 처지와 또 달랐다. 대사관의 미 해병과 담판을 짓는 한이 있어도 반드시 탈출하겠다고 각오를 다졌다. 그래서 얼른 화장실에 가서 군복으로 갈아입었다. 나와 함께 대사관으로 파견된 두 명의 해군 통신요원도 행동을 같이했다.

나는 통신요원인 변종건, 김형태 중사에게 "우린 살아도 같이 살고, 죽어도 같이 죽는다."라고 강조한 뒤, "정신 바짝 차리고 나를 따라야 한다. 절대 3m 이상 떨어지지 말라."라고 주지시켰다.

통문은 꽤 오랫동안 열리지 않았다. 헬기도 보이지 않았다. 새벽이 다가올수록 헬기를 기다리는 사람들의 마음은 '탈 수 있다'라는 희망보다는 '타지 못할 수 있다'라는 비관으로 점차 기울었다.

이 시간, 미국대사관 본관에선 한동안 헬기가 도착하지 않자 작은 소동이 벌어졌다. 마틴 미국대사를 비롯해 수많은 미국인과 피란민들은 발을 동동 굴렀다. 자정이 지난 0시 30분을 기해 철수작전이 중단됐기 때문이었다.

이러한 헬기 운행 중단은 조종사가 작전 개시 후 12시간 이상을 비행할 수 없다는 규정 때문이었음이 뒤늦게 밝혀졌다. 어처구니가 없었지만, 이 규정에 따라 새벽 2시가 넘어서야 요란한 굉음을 내며 헬기가 도착했다.

이때 미 7함대 소속의 헬기들은 미 백악관으로부터 특별 지시를 받았다. 당시 포드 대통령은 "19회 수송만 허락하며 더는 없다(No more)."고 확고한 지침을 내렸다. 대사관 본관의 잔여 인원과 본관 밖 소수의 인원만이 헬기를 탈 수 있는 최대치였다.

나는 대사관에서 짐을 정리할 때 가방에 넣어 두었던 리볼버 권총을 떠올렸다. 여차하면 총을 쏘면서라도 들어가야겠다는 각오로 기회를 엿봤다. 다행히도 새벽 2시 가까이 되자 미 해병이 다시 통문 밖으로 모습을 드러냈다.

통문 지휘관인 미 해병 대위는 마이크를 잡고 "조용히 질서를 지키시오. 우리는 여러분을 도와줄 것이오. 질서를 지키지 않으면 문을 열지 않겠소."라고 외쳤다. 그러자 피란민들은 우르르 통문 쪽으로 몰리며 자리다툼을 벌였다.

이때를 이용해 나는 미 해병 대위에게 다가갔다. 한국 해군 장교복과 미 해군이 비슷해 접근이 허용됐다. 나는 손짓을 섞으며 "나는 한국대사관에 파견된 해군 연락장교다. 도와 달라. 내가 적의 포로가 되면 큰 문제가 된다."고 호소했다.

그러자 미 해병 대위는 선뜻 문을 열어주었다. 내가 입장하자 내 뒤의 통신요원 두 명도 일행이라며 날쌔게 따라붙어 함께 들어갔다.

대사관 본관 정원에는 수백 명의 인원이 동쪽과 북쪽 두 곳으로 나뉘어 탑승 순서를 기다리고 있었다. 통문 안쪽에서의 탑승 경쟁도 치열했다. CH-46, CH-53 헬기가 10분 간격으로 도착해 탑승객을 태우고 이착륙을 반복했다.

나는 헬기 착륙 장소 가까이 슬금슬금 이동했다. 시간은 벌써 새벽 3시를 훌쩍 지났지만 언제 헬기를 탈 수 있을지, 또 앞으로 헬기가 언제까지 운행할지 몰라 조바심이 났다. 어느덧 별관 쪽에 있던 한국대사관 직원과 교민들도 통문을 통과해 이곳저곳에서 줄을 서 있는 모습이 보였다.

새벽 4시 무렵이었다. 마지막이 될지도 모르는 헬기가 대사관 마당에 착륙했다. 나는 쏜살같이 계단을 뛰어내려 헬리콥터 입구로 밀고 들어갔다. 주위를 보니 한국일보 안병찬 특파원과 김형태 중사가 뒤에 있었다. 그런데 변종건 중사가 보이지 않았다.

아찔한 순간이었다. 헬기 바깥을 보니 변종건 중사가 해병대원에게 제지당하고 있었다. 인원 수 확인차 탑승이 허락되지 못했던 것이었다. 나는 해병대원에게 "그는 나와 같은 한국 해군"이라고 외쳤다. 그러자 해병대원은 변 중사를 헬기에 선뜻 밀어 넣었다. 헬기의 마지막 탑승자가 된 것이었다.

헬기는 요란한 굉음을 울리며 이륙했다. 시계를 보니 새벽 4시 10분이었다. 이제 비로소 사이공을 탈출하게 된 것이었다. 긴장 속에 밤을 지새우다가 가까스로 헬기를 타자 이내 피로감이 엄습하며 졸음이 쏟아졌다.

4시 50분, 헬기는 붕따우 해상에서 대기하던 미 7함대의 LPD대형상륙함-8 덴버호에 착륙했다. 헬기 탑승자들은 소지품 검사를 받은 후 함정 안으로 안내됐다.

함정의 안내 장교가 권총은 보관했다가 배에서 내릴 때 돌려준다고 말하기에 나는 "이제 필요 없으니 당신이 가져도 좋다."고 화답했다. 그러자 그는 "땡큐"를 연발하며 고맙다고 인사했다.

나는 빙그레 웃으며 안도의 한숨을 내쉬었다. 살아서 임무를 완수했다는 뿌듯함이 몸속의 엔도르핀을 솟구치게 했다. 군복 입은 군인만이 느낄 수 있는 작은 행복이었다.

실패로 끝난 대사관 탈출

이 시각, 미국대사관 본관 마당에 모인 피란민들은 웅성거리며 헬기 탑승을 기다렸다.

어느덧 새벽 4시 15분이 지났다. 하지만 한국대사관 직원과 교민 상당수는 헬기를 타지 못한 채 불안에 떨었다. 수백 명의 피란민들은 사이공의 새벽하늘을 바라보며 헬기가 다시 오기를 염원했다.

이때였다. 대사관 경비와 민간인 철수를 통제하던 미 해병들이 갑자기 피란민들에게 "펑" 하며 연막탄을 터뜨린 뒤 쏜살같이 현관 쪽으로 달아났다.

한국대사관 직원과 교민들을 통솔하던 이대용 공사는 뿌연 연기를 뚫고 "나는 대한민국 대사관 공사다. 너희들 지휘관은 어디 있느냐?"고 소리치며 미 해병 뒤를 쫓아갔다.

이 공사는 옥상을 향해 올라가는 미 해병을 따라가다 문득 발걸음을 멈췄다. 이제 헬기는 미 해병을 태우기 위한 마지막 한 대만이 남았을 뿐이었다. 피란민을 따돌리기 위해 이들이 비상 수단을 썼다는 생각이 들었다.

그렇다면? 이 공사는 신분이 확실했기에 혼자라면 이들 해병과 함께 떠날 수 있었다. 그러나 남아있는 대사관 직원과 교민들이 눈에 밟혔다. 그곳의 한국인 리더가 바로 자신이라는 책임감이 가슴을 짓눌렀다. 그는 어렵게 발길을 돌렸다.

사이공의 아침이 밝아왔다. 어스름한 새벽이 지나고 날이 밝자 미국대사관에 남은 한국인들은 망연자실했다. 미국대사관에서의 한국인 탈출 작전은 실패로 끝이 났다. 9명의 공관원을 비롯해 약 140명의 교민은 미국대사관을 나와 터덜터덜 사이공 시내를 걸었다.

이대용 공사를 비롯해 안희완 영사, 이규수 참사관, 김창근 2등 서기관, 김경준 2등 서기관, 신상범 3등 서기관, 서병호 총경, 김교양 통신사, 양종렬 통신사 등 9명의 공관원은 이제 적지가 된 사이공 시내에서 살아남는 방법을 모색해야 했다. 그들의 뒤를 100명이 넘는 교민들이 따랐다.

한편, 이날 미국대사관에서 사이공을 탈출한 한국대사관 직원은 모두 현역 군인이었다. 군복의 힘이었다. 군복을 입은 이들은 통문 통과와 헬기 탑승 시 다른 민간인 피란민보다 우선순위에서 앞섰다.

미 해병들은 군말 없이 군인에게 먼저 헬기에 탑승하도록 배려했다.

헬기를 타고 미 7함대의 군함으로 이동한 이들은 곧바로 한국인 철수 대책본부를 꾸렸다. 군인으로서의 본능 때문이었다. 특히 무관 보좌관인 이달화 소령이 그랬다.

미 항공모함 핸코크호로 이송된 이달화 소령은 도착하자마자 김영관 대사를 찾았다. 김 대사는 미 7함대의 귀빈이었던 탓에 쉽게 소재가 파악됐다. 이 소령은 오키나와호에 머물던 김 대사에게 "우리 공관원 10여 명이 못 나왔으니 긴급 조치해달라."는 전문을 보냈다.

이에 김영관 대사는 헬기를 보내 이달화 소령을 오키나와호로 불렀다. 김 대사는 "방금 마틴 미 대사를 만나니 자기가 한국대사관원을 모두 철수시키고 나왔다고 하던데 대체 무슨 소리냐."고 물었다. 이 소령이 사정을 설명하자 김 대사는 주먹을 내리치며 "어떻게 그럴 수가 있냐."며 비통해했다.

김 대사와 이 소령이 있는 미 항공모함 오키나와호가 한국대사관의 임시 해상본부가 됐다. 김 대사는 여기서 미 7함대의 18척 함정에 전문을 보내 "한국인 모두는 신고하라."고 지시한 뒤 보고를 받았다.

이날 사이공 외곽 붕따우 해상에 머물던 미 7함대의 함정들은 혹시라도 빠뜨린 것이 없는지 철수작전의 최종 마무리를 위해 온종일 분주했다.

이 과정에서 마틴 미 대사가 새벽 4시 58분에 탄 마지막 철수 헬기가 옥상에 남은 11명의 미 해병대원을 태우지 못하고 떠난 일이 밝혀져 한바탕 소동이 벌어지기도 했다.

　결국 날이 환하게 밝은 아침이 되어서야 헬기가 다시 사이공의 미국대사관에 도착했다. 약 3시간 가까이 지나고 나서 대사관 옥상에 남겨진 해병대원을 태운 것이었다. 이처럼 웃지 못할 해프닝 속에 미 백악관의 대변인은 "방금 월남에서 마지막 헬리콥터가 사이공을 떠났다."고 공식 발표했다.

　이로써 미국의 비상 철수작전은 종료되었다. 전쟁은 끝났고, 남베트남은 패망했다.

1975년 5월 1일

베트남 방송, 긴급 철수 경고

교민과 난민을 태운 수송분대 LST 2척은 1일 오후 9시경, 뜻밖의 방송을 들었다.

공산화된 남베트남 정부는 이날 라디오 방송을 통해 "미국과 한국 선박은 즉시 해안으로부터 150마일 밖으로 철수하라."며 "그렇지 않으면 즉각 공격하겠다."라고 경고했다.

해군 수송분대는 방송이 나오고 있을 무렵, 남베트남 영해를 아직 벗어나지 못한 채 항해 중이었다. 수송분대 지휘부는 방송 내용의 의미를 여러 각도로 분석했다. 본국에서 전문을 보내주지 않는 한 어떠한 소식도 알 수 없었기에 정보를 얻을 수 있는 곳은 베트남 방송이 유일했다.

지휘부 장병들은 이 방송이 남베트남을 탈출하는 난민을 태운 미국 선박을 겨냥한 것으로 판단했다. 그렇지만 혹시라도 무슨 일이 생길지 모르니 전투태세를 풀지 말아야 한다고 입을 모았다.

수송분대 권상호 사령관은 회의가 끝날 무렵, 어두운 얼굴로 "아직 연락이 없는가?"라고 말을 꺼냈다. 사령관의 한마디에 모두 말문을 잃고 일순간 표정이 굳어졌다. 그는 해군의 십자성 작전을 계획하고 대사관에 파견된 이문학 중령과 두 명의 통신요원에 대한 소식을 묻는 것이었다.

답답했다. 참모장 겸 작전참모인 정홍석 중령이 어렵게 "아직… 없습니다."라고 대답하며 눈치를 살폈다. 사령관은 전날부터 식사도 거른 채 대사관에 파견됐던 3명의 해군 장병 소식을 초조하게 기다리고 있었다.

그동안 김영관 대사를 비롯한 몇몇 대사관 직원이 무사하다는 전문이 미 해군 군함으로부터 도착했다. 그러나 한국 해군 3명은 여전히 연락이 끊긴 상태였다. 미 해군의 군함에 타지 못했다면, 사이공에서 끝내 탈출하지 못했을 가능성이 컸다. 사령관의 속은 시커멓게 타들어 갔다. 귀국길에 오른 수송분대 지휘부 모두의 가슴에 잊고 싶었던 불안감이 꿈틀거렸다.

"제발…"

해군 수송분대 장병들은 동료 전우가 무사히 돌아와 함께 성공적으로 귀국하게 되기를 한마음으로 염원했다. 푸른 물살을 헤치며 나아가는 항해 길이 마음만은 가시밭처럼 편하지 않았다.

민간 선박에서 전보 보내

5월 1일, 날이 밝았다. 모처럼 배에서 편안하게 잠을 잔 탓인지 개운
했다.

나는 침실에서 일어나자마자 간밤의 일을 떠올리곤 입맛을 다셨
다. 어제 하루 일이 마치 꿈만 같았다.

전날 나는 미국대사관에서 극적으로 헬기를 타고 미 7함대의 덴
버호로 옮겨졌다. 그리고 이곳에서 다시 분류되어 피란민 수송선으
로 이송됐다.

나는 원래 외교관 여권 소지자이므로 미 해군 군함을 타고 필리핀
으로 갈 예정이었다. 그러나 나와 일행인 두 통신요원은 정식 여권이
없어 피란민으로 분류됐다. 피란민은 미 해군이 용역을 준 민간 선박
밀러호로 옮겨져 괌으로 이동할 예정이었다. 세 사람이 분리되면 복
잡할 것 같아서 나 또한 이들과 같이 행동하기 위해 밀러호로 옮겨
탔다.

밀러호에는 한국일보 안병찬 특파원을 비롯해 안면이 있는 한국
인이 여럿 있었다. 그런데 배 안에서 전혀 예상치 못한 귀인을 만났
다. 내가 무사히 탈출했음을 수송분대 사령관에게 알리기 위해 배의

통신실을 찾던 중 누군가 반가운 목소리로 말을 걸었다.

"혹시 한국 해군 장교이십니까?"

군복을 입은 나를 보고 개디Gaddy라는 미국인 승무원이 다가왔다. 그는 밀러호의 보일러 기사였는데, 과거 주한 미군으로 대구에서 근무한 적이 있다고 자신을 소개했다.

나는 그에게 통신실에서 전문을 하나 보내달라고 부탁했고, 그는 흔쾌히 돕겠다고 화답했다. 그러나 배의 통신 기사는 지금 통신 폭주로 매우 바쁘니 내일 다시 오라고 했다. 나는 개디의 도움으로 좋은 침실에서 샤워를 하고, 충분한 휴식을 가진 뒤 숙면할 수 있었다.

어제 일이 파노라마처럼 떠오르자 나는 곧바로 통신실로 갔다. 그리고 오전 10시경, 권상호 수송분대 사령관에게 사이공을 무사히 빠져나와 현재 통신요원 2명과 함께 미군의 민간 수송선인 밀러호를 타고 괌으로 이동 중이라고 소식을 전했다.

밀러호의 통신 기사는 전문이 많이 밀려 있어 내일쯤 전달될 것이라고 말했다. 나는 감사하다는 뜻을 전한 뒤에 배 갑판 위로 올라왔다. 상큼한 바닷바람이 코끝을 스쳤다.

낯선 배에서 맞이한 5월의 첫날, 남지나해의 후끈한 더위 속에서도 햇살은 봄처럼 감미로웠다.

1975년 5월 2일

동료 전우 무사 소식에 환호

수많은 교민과 남베트남 난민을 태우고 귀국 길에 오른 해군 수송분대는 연일 삶의 전쟁을 치러야 했다.

함정의 장병들은 하루 8시간의 당직 근무 이외에도 난민을 위한 봉사로 눈코 뜰 새 없이 바빴다. 갑판에서 생활하는 함상 마을 난민들의 하루 세 끼 식사와 그 외 일상 뒤처리로 매번 크고 작은 소동이 벌어졌다. 특히 화장실과 물 공급에 어려움이 많아 곤혹스러웠다.

남베트남 사람들은 평소 목욕을 여러 번 하는데, 함정에서는 그게 불가능했다. 그러자 일부는 식사 때 배급하는 식수를 캔에 넣어 화장실에 가서 씻곤 했다. 가뜩이나 좁은 화장실은 서 있기조차 힘들 만큼 복잡했고, 위생은 엉망이었다.

이에 계봉함에서는 군함 끝 양쪽에 바닷물을 이용한 간이 남녀 샤워실을 설치해 나름대로 고충을 해결했다. 그러자 뒤에서 항해하던 북한함에서도 바로 간이 샤워실을 설치하는 등 아이디어를 주고받으며 하나둘 어려움을 극복해 나갔다.

5월 2일 오후 2시경, 왁자지껄한 점심이 끝나고 잠시 숨을 고르던 수송분대 장병들은 갑작스러운 함 내 방송이 울리자 귀를 기울였다.

"기쁜 소식을 알립니다. 수송분대 소속으로 대사관에 파견됐던 이문학 중령을 비롯한 3명의 해군 장병 전원이 무사히 사이공을 빠져나와 현재 미국 선박에서 승선하고 있다고 합니다."

방송을 들은 장병들은 이내 "우와!", "만세!" 등을 외치며 환호했다. 일부는 기쁨에 겨워 몸을 흔들며 춤을 추기도 했다.

망망대해를 항해하던 2척의 군함이 흥겨움으로 들썩거렸다. 십자성 작전이 시작된 이래 줄곧 모두의 가슴을 조이던 마지막 응어리가 극적으로 해소되는 벅찬 순간이었다.

이날 수송분대 2척의 LST는 '해냈다'라는 뿌듯한 자부심으로 출렁이는 파도를 꽂길 걷듯이 신바람 나게 항진했다. 공산화된 남베트남 해상을 막 벗어나기 직전이었다.

1975년 5월 5일

함상의 남베트남 난민 금괴 소동

해군 수송분대의 귀국 길은 순조로웠다. 다만, LST 함정에 설치된 난민들의 함상 마을에서는 늘 작은 소동이 끊이지 않았다. 남베트남 난민들이 주로 생활하던 계봉함이 그랬다.

계봉함 함장인 박인석 중령은 5월 5일 푸른 바다를 바라보다 문득 오늘이 '어린이날'임을 떠올렸다. 한 달 전인 지난 4월 5일 새벽에 곤히 자던 가족들을 잠깐 보고 떠난 뒤 정신없이 보냈던 일들이 주마등처럼 머리를 스쳤다.

가족에게 미안했다. 특히 아이들에게 매년 '어린이날' 한 번도 아이들과 제대로 놀아주지 못한 점이 마음에 걸렸다. 이번 귀국 후에는 반드시 가족과 함께 의미 있는 시간을 가져야겠다고 생각했다. 앞으로 약 일주일 정도 항해하면 귀국할 수 있어 벌써 마음이 설렜다. 그때까지 아무 일이 없기를 바랄 뿐이었다.

"함장님, 함상 마을에 일이 생겼습니다."

함장인 박 중령은 갑판 수병의 말에 가슴이 철렁 내려앉았다. 함상 마을의 남베트남인 동네의 몇몇 노파가 며칠째 돌부처처럼 꼼짝하지 않고 있다는 보고였다. 이상한 생각이 들어 통역을 맡은 한국 교민 대표와 함께 가보았다.

교민 대표는 이들을 보자 "저들은 몸에 귀중품을 소지하고 있어 움직이지 않는 것"이라고 말했다. 배에 탄 남베트남인은 부유층이 많았다. 급히 피난길에 오른 그들이 챙길 수 있는 것은 뻔했다.

박 중령은 "내 방에 귀중품을 보관하세요. 함장 방의 금고는 이 배에서 가장 안전합니다. 한국에 도착하면 정확하게 돌려드릴 겁니다."라고 설득했다.

그러자 이들 10여 명의 노인은 함장실로 와 귀중품을 꺼냈다. 예상대로 옷 속에는 크고 작은 금붙이가 쏟아졌다. 헌무사군대 경찰가 입회한 가운데 금덩이에 이름과 무게를 달아 적어 기록한 후 금고에 보관했다. 이후 노인들은 환한 표정으로 일상의 생활로 돌아갔다.

교민과 남베트남인, 그리고 장병들이 어우러진 수송분대 함상의 생활은 이런저런 작은 소동 속에서도 북적거리면서 이내 활력을 되찾았다. 귀국 중 815함북한함에서는 두 명의 임신부가 출산을 했고, 한 명의 어린아이가 사망해 수장水葬을 거행하기도 했다.

본국으로 돌아가는 수송분대의 항해 길은 순풍에 돛 단 듯 무난했고, 마음은 평화로웠다.

난민수용소서 남베트남 수상 만나

나는 5월 5일 미국의 보호령인 괌에서 아침을 맞았다. 전날, 필리핀 수빅베이에 도착한 밀러호에서 하선한 뒤, 미 공군의 C-130 수송기 편으로 이동한 것이었다.

괌의 난민수용소 캠프에서 하룻밤을 보낸 나는 식사 후 샤워장에 갔다. 그런데 옆에 낯익은 얼굴이 보였다. TV에서 자주 보았던 남베트남 수상인 응우옌 카오 키Nguyen Cao Ky와 닮은 사람이 비누로 거품을 내어 씻고 있었다.

서로 알몸인 상태에서 조심스럽게 "당신 키 월남 수상과 닮았다."라고 묻자, 그는 "내가 바로 응우옌 카오 키올시다. 당신은 어떻게 여기 오셨습니까?"라고 대답했다.

그는 괌의 남베트남인 피란민 수용소에서 머물다가 곧 미국에 있는 가족과 합류할 예정이라며 이런저런 이야기를 들려줬다. 난 얼마 전까지 국가의 수상이었던 사람이 초라한 모습으로 바뀐 것을 보고 마음이 무거웠다. 이들 정치인의 무능이 결국 나라를 빼앗긴 원인이 되었다는 생각이 들었다. 그를 위로해야 할지 아니면 책임을 추궁해야 할지 답답했다.

　나는 샤워 후, 일행인 해군 통신요원 2명과 함께 괌 한국 영사관의 도움으로 'Socio'라는 한국 회사 숙소로 거처를 옮겼다. 이곳에서 한국으로 가는 비행기표를 알아보며 편안하게 휴식을 취했다. 귀국을 앞둔 하루하루가 평온하고 행복했다.

1975년 5월 10일

항공기 편으로 고국에 도착

나는 5월 10일 오전 10시 20분에 고국의 땅을 밟았다. 전날, JAL일본
항공 편으로 도쿄를 거쳐 하룻밤 묵은 뒤, 이날 KAL대한항공 편으로 김
포공항에 도착했다.

나와 생사고락을 함께한 통신요원 2명은 고국 땅을 밟자 서로 부
둥켜안고 기쁨의 감정을 표출했다. 나는 이들에게 주월남 한국대사
관에 파견되어 수행한 임무가 이날부로 종료되었음을 알렸다. 이들
은 나에게 절도 있게 경례하며 임무를 성공적으로 완수했음을 보고
했다.

공항에는 해군 작전참모차장인 고중덕 준장과 가족이 마중을 나
왔다. 일곱 살 딸아이가 날 보자마자 한 첫마디는 "아빠 세수 안 했

어? 얼굴이 까맣네."였다. 이제는 패망한 남베트남에서의 한 달이 얼굴을 못 알아볼 정도로 아련한 옛이야기가 된 듯해 씁쓸하면서도 절로 웃음이 나왔다.

나는 그토록 그리던 조국, 대한민국에 다시 돌아왔다.

1975년 5월 13일

해군 수송분대, 부산으로 귀국

해군 수송분대는 장장 2,118마일 거리를 13일간 항해한 끝에 5월 13일 오전 9시 부산 중앙부두에 입항했다.

한국을 떠날 때의 한산했던 모습과는 달리, 부산항은 국내외 보도진과 가족 등 환영 인파로 가득했다. 남베트남 패망으로 인한 안보위기감이 고조되던 시기였던 만큼, 환영 분위기는 성대하면서도 요란했다.

수송분대는 계봉함, 북한함 2척의 LST를 이끌고 베트남으로 항해하여 북베트남의 공격으로부터 탈출한 현지 교민과 남베트남 피란민 등 총 1,902명을 탑승시켰다. 이 중 567명을 푸꾸옥에 하선시키고, 나머지 1,335명을 자유민주주의 국가인 대한민국으로 안전하게 철수시켰다.

수송분대가 수행한 '십자성 작전'은 대한민국이 역사상 최초로 해외에 주둔한 자국민을 국가 차원에서 안전하게 국내로 철수시킨, 세계적으로도 유례가 드문 완벽한 작전으로 평가됐다.

이날 교민들과 남베트남 피란민들은 그동안 정들었던 함 승조원들과 헤어져 오전 9시 30분부터 배에서 내렸다.

나는 전날 저녁 부산에 도착해 하루를 묵었다. 그리고 이날 직속 상관인 권상호 수송분대 사령관을 찾아가 경례하며 무사히 임무를 수행하고 돌아왔다고 귀국 보고를 했다. 권 사령관은 울컥하면서 내 손을 붙잡고 "걱정이 많았는데, 임무 완수 후 살아서 이렇게 다시 만나 고맙다."라고 감격해 했다.

십자성 작전 임무를 완수한 해군 수송분대는 5월 16일 진해에서 공식 해체됐다.

에필로그

십자성 작전에 대한 평가는 당시 역사에 맡겨진 채 오랫동안 방치되었다.

해군 수송분대가 교민과 남베트남 피란민을 태우고 무사히 부산에 돌아왔던 그 순간만 잠시나마 철수작전이 언론의 환대를 받았을 뿐, 곧 사람들의 기억에서 사라졌다.

십자성 작전은 분명 한국 해군 역사상 가장 완벽한 철수작전이었다. 그런데도 오랜 세월 동안 정당하게 평가받지 못했다. 아니 그런 일이 있었는지도 모를 만큼 오히려 외면당했다. 심지어 해군 장병 대부분이 이러한 작전이 있었는지 모른 채 수십 년간 세월이 흘렀다.

이렇게 십자성 작전이 세상에 철저히 숨겨진 이유는 이 작전이 지난 2006년까지 군사기밀로 지정되었기 때문이다. 십자성 작전을 비밀로 덮을 수밖에 없었던 것은 미처 사이공을 탈출하지 못한 이대용 공사를 비롯해 여러 공관원과 많은 교민의 처지와 맞물려 있다. 이들이 불이익을 받을지 모른다는 우려가 오랫동안 성공한 작전을 외부로 노출되지 않도록 숨기게 했다.

실제로 이대용 공사를 비롯한 여러 공관원과 교민들은 한국인으로서 긍지를 잃지 않고 공산화된 베트남 땅에서 한동안 의연하게 지냈다. 그리고 국제적십자사 등의 노력으로 상당수가 1년 안에 조국인 대한민국으로 돌아왔다.

그러나 한국대사관의 핵심인 이대용 공사와 서병호 총경, 그리고 안희완 영사 세 사람은 곧 혹독한 시련의 늪에 빠져들었다. 이들은 대사관 내에서 정보 업무를 다루는 특수한 신분이었기 때문에 베트남 당국에 체포되어 약 5년 가까이 감옥에 갇혀야만 했다.

이들 세 사람의 구속은 당시 대한민국 정부와 박정희 대통령에게 엄청난 외교적 과제를 안겨줬다. 만에 하나 이들이 북한의 평양으로 끌려가기라도 한다면 생각만으로도 끔찍한 일이었다.

이대용 공사는 1급 비밀취급자였고, 나머지 두 사람은 2급 비밀취급자였다. 이에 대한민국 정부는 우방국 중 공산 베트남과 비교적 외교관계가 무난한 프랑스의 외교 루트를 통해 편지를 전달하거나 석방이 될 수 있도록 갖은 노력을 다했다.

반면 북한에서도 두 번이나 심문관이 와서 이대용 공사를 심문했다. 다행인 것은 이 공사를 평양으로 데려가겠다는 북한의 제안을 공산 베트남 정권이 단호하게 거절했다는 점이었다. 베트남 정권은 자주성과 자존심이 강했다. 그래서 같은 공산국가인 중국과도 캄보디아 문제로 국경분쟁이 벌어지자 맞서 싸워 물리치기도 했다.

당시 박정희 대통령은 "무슨 일이 있어도 이대용 공사를 구출하라."고 엄명을 내렸다. 한국 정부는 다양한 경로로 구출 작전을 진행했다. 도중에 박 대통령이 서거했지만 구출 작전은 계속됐다. 그리고 마침내 이대용 공사를 비롯한 세 사람은 1980년 석방이 됐다.

나는 이대용 공사가 국내로 되돌아온 지 몇 년 후에 그를 만난 적이 있다. 그때 이 공사는 내게 "한국 교민과 대사관 잔류 외교관 전원은 한국 해군 LST에 탑승해 철수해야만 했다."며 "미국대사관에 의존해 헬기로 철수하려고 했던 것이 잘못"이라고 말했다.

십자성 작전이 외부로 알려지지 않은 두 번째 이유는 베트남전에서 사실상 패배하고 물러난 미국의 불편한 심정을 건드리지 않으려는 우리 정부의 배려 탓이었다.

미국은 처음에 동남아시아에 우후죽순 번지는 공산화를 막기 위해 베트남전에 뛰어들었다가 호되게 당한 뒤 철수했다. 정치·경제·사회 전 분야에서 엄청난 타격을 입었다. 더욱이 철수 과정도 매끄럽지 못해 오랫동안 후유증을 앓았다. 베트남전에 노이로제가 걸릴 정도였다.

이러한 미국과 대조적으로 한국의 십자성 작전은 완벽한 철수작전이었다. 구태여 미국을 자극하지 않으려는 당시 정부의 눈치 보기는 보안이라는 허울 아래 오랫동안 이 작전을 군사기밀 틀 안에 가

두어버렸다.

십자성 작전이 뒤늦게나마 세상에 알려지게 된 것은 남베트남이 패망한 지 40년이 가까운 2014년 무렵이었다. 이때 해군에서는 「베트남전쟁과 한국해군작전」이라는 책자를 발간해 40페이지 분량으로 십자성 작전에 대해 다뤘다.

또한 JTBC 방송에서는 <사이공 1975>라는 제목으로 한국인 대탈출의 진실이라는 부제를 달아 4부작으로 방영했다. 이때 1부와 2부에 걸쳐 부분적으로 한국 해군의 십자성 작전을 조명했다.

그동안 단편적으로 개인의 투고나 짧은 기사로 소개됐던 것에 비하면 해군의 책자나 JTBC 방송의 프로그램은 내용 면에서 한층 풍성했다. 그럼에도 불구하고 아쉬움과 한계는 여전했다.

해군의 책자는 장병만이 볼 수 있는 비매품이었고, 군사 기록물 수준의 범위를 벗어나지 못했다. 반면 JTBC 방송 프로그램은 남베트남 패망을 앞두고 대사관 위주로 탈출에 초점을 맞춰 해군의 십자성 작전은 들러리에 지나지 않았다.

십자성 작전을 실행한 해군과 교민 철수를 기획한 대사관의 시각이 유기적으로 어우러진 작품이 탄생하기를 바라는 마음이 간절했다. 남베트남 패망 50주년을 맞아 이 책이 나오게 된 배경이다.

당시 작전에 참가한 많은 사람이 오늘날 세상을 떠났다.

해군 십자성 작전을 최초 기획한 김영관 주월남 한국대사는 지난 2021년 96세의 나이로 별세했다. 그는 해사 1기로 6·25전쟁 당시 함정 지휘관으로서 혁혁한 전과를 세운 뒤 1966년 제8대 해군 참모총장이 되어 해군 발전을 이끌었다. 현역 준장 시절에는 제주도지사로 전격 발탁된 뒤 제주도 발전의 기초를 닦고 '한라산의 기적'을 이뤄 역대 최고의 제주도지사로 평가되기도 했다.

전역 후에는 주월남 한국대사로 임명되어 사이공이 함락되기 직전 교민 철수를 위해 십자성 작전을 기획해 성공을 거두었다. 그러나 일부 대사관 직원과 교민 모두를 완전히 탈출시키지 못했다는 책임감에, 그는 오랫동안 마음의 부담을 털어내지 못했다. 그는 죽기 직전까지 한국과 베트남 간 우호 관계와 선교활동에 크고 작은 역할을 하다 세상을 떠났다.

주월남 한국대사관의 교민 철수 대책본부장이었던 이대용 공사는 6·25전쟁 당시 전설적인 전쟁영웅이었다. 육사 7기인 그는 6·25전쟁 때 춘천 전투 등지에서 무패의 신화를 썼던 6사단 7연대의 1중대장이었다. 전쟁 기간 내내 불사신으로 불릴 정도로 전투력이 탁월했다. 하지만 워낙 불의에 타협하지 않는 강직한 성품 탓에 진급도 늦게 하고 한직을 맴돌았다. 현역 준장 신분으로 중앙정보부에 파견되어 주월남 한국대사관의 공사가 되었다가 남베트남이 패망하자 5년간 감옥에 갇혀 고초를 겪었다.

1980년 석방되어 귀국한 뒤 생명보험협회장과 사단법인 한월 친선협회장, 육사 총동창회장 등을 역임했다. 2017년 11월 숙환으로 별세했다. 국가보훈부는 2023년 12월에 이달의 전쟁영웅으로 이대

1975 사이공 대탈출

용 준장을 선정했다.

해군의 십자성 작전을 지휘한 수송분대 권상호 사령관은 전직 해군 참모총장인 김영관 대사와 현직 해군 참모총장 사이에서 마음고생이 심했다. 작전을 수행하던 당시 그는 동기가 이미 장군으로 진급한 상태에서 오직 2차 진급에 한 가닥 희망을 걸고 있었던 말년 대령해사 8기이었다. 그런 상황에서 인사권자인 현직 참모총장과 함대사령관의 지시를 거듭 거부하고 작전을 강행한 것은 국가와 국민을 위해 군인의 본분을 다하고자 하는 군인정신이 투철했다는 말로밖에 설명이 되지 않는다.

실제로 권상호 대령은 임무를 마치고 귀국 후 동기이자 함대사령부 참모장인 김대용 준장이 "함대사령관이 명령 불복종으로 당신을 군법으로 처벌하려고 했다."고 귀띔하자 진급은 고사하고 군복마저 벗게 될지 몰라 아찔했다고 술회했다. 그러나 권상호 대령은 이듬해 극적으로 진급했고, 해군 소장으로 명예롭게 전역했다. 그는 2020년 90세의 나이로 세상을 떠났다.

해군 수송분대의 계봉함 함장인 박인석 중령은 십자성 작전 시 숱한 고난을 극복하고 성공리에 작전을 이끈 주역 중 한 사람이다. 나와 해사 동기로서 지금까지 오랜 친분을 유지하고 있는 그는 사실 십자성 작전 당시 지휘부와 양 함장 중 유일하게 베트남전 참전 경험이 없었다. 그럼에도 불구하고 그가 보여준 능력은 탁월했다.

박인석 중령은 십자성 작전에서 세 번의 결정적 순간에 기적을 체험했다며 오늘날 독실한 기독교인이 되어 신앙생활을 하고 있다. 그는 일몰 후 어둠 속의 메콩강을 빠져나갔을 때와 푸꾸옥에서 남베트남 해군이 접근할 때 드럼통을 투하해 탈출했던 일들은 하나님이 주신 기적적인 지혜 때문이라고 간증하고 있다. 해군 대령으로 전역한 뒤 외항선 선장을 하며 해외를 누비기도 했다.

그는 현재 십자성 작전 참가 장병들이 베트남전 참전 유공자로 인정받지 못하자 국방부와 관련기관 등을 찾아다니며 공정하고 엄격한 심사를 통해 합당하게 대우받아야 한다며 적극적으로 활동하고 있다.

나는 해군의 십자성 계획을 최초 입안하고, 작전을 기획한 주월남 한국대사와 작전을 수행한 해군 사이에서 연락장교를 맡아 작전이 성공할 수 있도록 가교역할을 했다. 이 작전은 숱한 어려움을 극복하고 훌륭하게 임무를 수행한 '해군만이 할 수 있는' 해군의 작전이었다.

전직 해군 참모총장 출신 현지 대사와 해군 수송분대 사령관과 함장, 그리고 장병 모두는 '해군'이라는 공동체 의식 속에서 국가와 국민을 위해 한길을 걸었다. 자칫하면 대참사가 벌어질 수 있는 숱한 고비를 슬기롭게 극복할 수 있었던 것은 모두가 한마음 한뜻으로 한길을 걸었기 때문이다.

어느덧 구십의 나이를 바라보는 나는 매주 금요일마다 모여 하나님과 나라를 위해 기도하는 한국 예비역 기독군인회 회원이자 신앙인으로서 지난날을 되돌아보며 감사하는 삶을 살고 있다.

50여 년 전 그날, 어느 날 갑자기 동양의 파리로 불리던 남베트남의 수도 사이공이 사상누각처럼 힘없이 무너지던 그날, 나는 가장 위험한 곳에서 대한민국 교민의 안전한 철수를 위해 목숨을 걸고 헌신한 순수했던 군인들의 모습을 결코 잊지 못한다. 그 숭고했던 지난날의 기억이 퇴색되지 않고 오늘날 후대에 자랑스럽게 떠올려져 우리 군에 오랫동안 계승 발전되었으면 하는 바람이다.

베트남전쟁과 한국군 파병

베트남전 파병의 숨겨진 이야기

경제 성장과 자주국방의 분수령이 된

01 한국군 최초의 파병부대인 의료지원단 창설식 모습(1964.7.14.)

02 포항에서 열린 한국군 최초의 파병 전투부대인 해병 청룡부대(2여단) 결단식 장면(1965.9.25.)

03 베트남 전선을 향해 부산항에서 출항하는 해병 청룡부대 장병들을 환송하고 있다.(1965.10.3.)
04 초대 주월 한국군 사령관 채명신 중장(1966년 1월 1일부 진급)
05 주월 미군 사령관 웨스트모어랜드 대장. 한국군의 작전통제권에 호의적인 입장이었다.

06 둑꼬 전투 현장의 모습(1966.8.10.). 적군의 시체가 즐비한 참혹한 이 전투로 한국군의 용맹함이 널리 퍼지게 됐다.

07 둑꼬 전투 현장을 찾은 한미 관계 장병들이 중대장(사진 오른쪽)에게 전투상황을 보고 받고 있다.

08 월남으로 떠나는 육군 백마부대 장병들이 서울 시가지를 행진하자 이를 환송하는 국민대회 모습(1966.8.27.)

09 수도사단(맹호부대) 작전지역을 찾아 현지 장병들을 격려하는 박정희 대통령(1966.10.21.)

10 고지 정상에 위치한 해병 청룡부대 전술기지에 물자를 보급하는 미군 헬기. 베트남에 파병된 한국군은 미군으로부터 모든 물자와 장비를 지원받았다.

11 베트남의 정글에서 평정작전을 벌이는 한국군. 농촌지역에서 주로 은거하는 베트콩을 찾아 싸움하는 것이 평정작전이다.
12 베트남전쟁 당시 한국군이 구축했던 중대전술기지 모형(서울 용산의 전쟁기념관 디오라마)

13 박정희 대통령이 짜빈동 전투의 주역 중 한 명인 신원배 중위에게 태극무공훈장을 수여한 뒤 악수로 격려하고 있다.

14 안케고개 1중대 기지를 순시한 이세호 주월 한국군 사령관(사진 가운데). 전임 채명신 사령관과 달리 공세적인 전투를 주문한 탓에 파병 장병들의 인명피해가 늘었다는 평가를 받았다.

1975 사이공 대탈출

15 박정희 대통령이 안케패스 전투에서 공을 세운 장병들을 청와대로 초대해 훈장을 수여한 뒤 치하하고 있다.

16 베트남에서 항공기 편으로 철수하고 있는 한국군 장병들. 1단계로 1971년 해병 청룡부대가 철수한 뒤 2단계로 1973년 3월까지 모든 한국군이 철수했다.

오늘날 한국인들에게 비교적 친근한 이미지를 주는 베트남은 약 30년간의 베트남전쟁을 거쳐 수립된 동남아시아의 사회주의 공화국이다.

베트남은 1946년부터 1975년까지 프랑스와의 독립전쟁과 내전을 거쳐 현재의 통일국가를 세웠다. 이 중 2차 베트남전쟁(1955~1975년) 당시 대한민국은 미국이 주도하는 연합군의 일원으로 파병해 약 9년간, 지금은 패망한 남베트남 편에서 전투를 벌였다.

올해는 한국군이 베트남에 전투병을 파병한 지 60주년이 되는 해이다. 한국군은 1973년 3월 철수할 때까지 모두 네 차례의 파병을 통해 32만 5,000여 명이 참전했고, 이 가운데 5,000여 명이 전사했다.

아시아의 변방에서 벌어진 이 전쟁에 수백만 명의 병력을 보낸 세계 최강국 미국은 역사상 처음으로 패배의 성적표를 받음으로써 전 세계에 충격을 주었다. 미국인들에게 베트남전쟁은 잘못된 시간에, 잘못된 장소에서, 잘못된 전술로 싸운 전쟁으로 인식되고 있다. 반면, 당연하게도 베트남인들에게 베트남전쟁은 외세와의 싸움에서 승리한 전쟁이라는 자부심이 대단하다.

그렇다면 오늘날 대한민국 국민에게 베트남전쟁은 어떤 의미로 기억되고 있는가? 한국의 역사 교과서는 베트남전쟁을 6·25전쟁과 같은 남북 간의 이념전쟁으로 바라보거나 한국의 경제 발전에 도움을 준 전쟁 정도로 설명하고 있다. 일부에서는 베트남 양민을 학살했다거나, 미국의 용병으로 치부하는 비판적 시각도 존재한다.

이 글은 한국군의 베트남전 참전 60주년을 맞아 베트남전쟁 발발의 배경뿐만 아니라 파병된 한국군에 대한 역사적 사실을 명확히 밝히고 올바르게 재평가하기 위해 썼다.

오늘날 대한민국 군대는 세계적 강군으로 거듭났으며, 자주국방을 위해 육성된 방위산업은 세계적 수준의 무기를 독자 개발해 널리 수출할 만큼 성장했다. 이러한 눈부신 결실은 60년 전 베트남에 파병된 한국군이 흘린 피와 땀의 대가로 비롯되었다는 것이 글의 요지다. 늦었지만, 베트남전 파병 장병들에게 우리 사회가 진심으로 감사하는 분위기가 조성되길 바라는 마음을 담았다.

멀지만 가까운 나라

베트남은 지리적 거리는 비교적 먼 편이지만, 한국인의 정서에서는 가까운 나라이다. 과거 일본이 '가깝지만 먼 나라'로 불렸던 것과는 반대 개념이다.

관광업계에 따르면 2024년 베트남을 방문한 외국인 관광객 규모 중 한국인 관광객이 1위이고, 한국을 방문하는 외국인 관광객 규모에서는 베트남 관광객이 5위라고 한다. 이처럼 관광시장에서 한국과 베트남은 상호 간에 매우 활발하게 교류하고 있다.

최근 엔화의 급격한 환율 저하로 한국인들의 일본 관광이 크게 늘고 있지만, 정서적으로는 베트남이 한국인에게 단연 최고의 관광지로 손꼽힌다.

가까운 비행시간과 편리한 비행편, 아름다운 자연환경 등 여러 가지 이유로 엔저 효과를 누리고 있는 일본 다음으로, 베트남은 한국인들에게 가장 인기 있는 여행지 목록에서 2위를 차지하고 있다. 우리나라 이민국의 통계에 따르면, 2023년 한 해 동안 약 300만 명이 넘는 한국인들이 베트남을 찾았다.

정서적으로 볼 때 한국을 가장 좋아하는 국가 1위도 베트남이다. 문화체육관광부가 지난 2021년 조사한 한국을 좋아하는 나라 TOP 24에서는 1위가 베트남이고, 2위가 터키, 3위가 필리핀이었다.

반면, 2023년 해외문화홍보원에서 조사한 한국을 가장 싫어하는 나라 순위에서 1위는 일본이었다. 마찬가지로 여론조사기관인 한국갤럽이 2023년 조사한 한국인이 가장 싫어하는 나라 순위에서는 1위가 중국이고, 2위가 일본이었다.

이렇게 볼 때 베트남은 한국인들에게 '가깝지만 먼' 일본과는 달리 지리적으로는 멀지만, 정서적으로는 아주 가까운 나라임이 분명하다.

경제적으로도 양국의 관계는 매우 돈독하다. 1992년 한국-베트남 국교 수립 이후 양국 간 교역 규모는 90배 이상 성장했다. 2014년에는 한국-베트남 FTA자유무역협정 협상 실질 타결을 공동 선언했다. 이어, 2015년 한국-베트남 FTA가 발효됐다.

2017년 기준 베트남은 중국과 미국 다음으로 한국의 수출 대상국 3위이자, 아세안 교역 대상국 1위이다. 주요 수출품은 원자재와 자본재로 그 비중이 월등히 높고, 전자, 섬유, 봉제 관련 품목이 그 뒤를 잇는다. 2023년 기준, 한국의 대베트남 수출액은 492억 6,473만 달러이며, 대베트남 수입액은 199억 4,349만 달러였다.

오늘날 한국과 베트남은 짧은 교류 역사에도 불구하고 1992년 12월 수교한 뒤 2000년 이후에는 포괄적인 동반자 관계를 맺는 등 그 어느 때보다 돈독한 관계로 발전을 거듭하고 있다.

반도국 베트남의 역사

베트남은 대한민국과 거리로는 3,000여 ㎞ 떨어져 있지만, 우리와 놀랄 만큼 유사한 역사를 지녔다. 두 나라 모두 중국과 국경을 마주한 반도 국가로서, 요충지에 자리하고 있어 대륙 세력과 해양 세력의 침략이 잦았다.

제2차 세계대전 이후에 양국이 겪었던 동족 간의 전쟁도 유사한 여건에서 발생했다. 베트남이 우리나라와 밀접한 관계를 맺게 된 것도 베트남전쟁(1946~1975)이 배경이 됐다.

과거 중국인들은 동남아시아 지역을 남만南蠻이라고 불렀다. 이 지역은 우리 한반도와 함께 지리적으로 중국의 영향을 많이 받았다.

베트남은 특히 BC 179년부터 약 1,000년에 걸쳐 대륙 세력의 지배를 받았다. 중국 대륙과 국경을 접한 베트남 북부 지역은 풍부한 농·수산물뿐만 아니라 상아, 비취 등 진귀한 자원을 보유하고 있었기 때문이었다.

베트남의 역사는 BC 200년경, 베트남어를 사용하는 민족 언어 집단이 남비엣Nam Viet, 南越라는 독립 왕국을 세우면서 시작되었다.

이들은 한동안 베트남 북동부와 중국 남부를 지배했으나, BC 111년 중국 전한前漢에 점령당했다. 이후 베트남 민족은 1,000여 년 동안 중국의 지배를 받았고, 줄기차게 독립투쟁을 벌였다.

베트남 북부 지역은 966년에야 비로소 중국의 지배를 벗어나 왕조를 세웠다. 다이꼬비엣Dai Co Viet 왕조는 중국에 조공을 바치며 오랫동안 명맥을 유지했다. 13세기에는 몽골의 세 차례 침략을 받았으나 모두 물리쳤다.

1407년 중국에 다시 정복되었으나, 거국적인 저항운동을 통해 1428년 중국인들을 몰아냈다. 이후 베트남에서는 중국식 관료제 정부가 수립되었고, 국경은 점차 남하했다.

현재의 '베트남Viet Nam'이라는 국호가 사용되기 시작한 것은 1802년 이후였다. 통일국가를 수립한 응우옌Nguyen 왕조가 중국 청나라에 국호를 남비엣으로 칭하겠다고 요청했는데, 청나라는 과거 비슷한 이름이 있었다는 이유로 앞뒤를 바꾸어 베트남Viet Nam, 越南으로 부르게 했다.

이후 서양 세력의 해양 진출이 본격화되면서 동아시아 지역은 새로운 상황을 맞이했다. 포르투갈, 스페인, 프랑스, 네덜란드 등 서양 국가들이 바닷길을 따라 동아시아에 진출해 그들의 거점을 마련했기 때문이다. 이들은 베트남을 거쳐 한반도와 일본열도까지 진출했다.

그중에서 프랑스와 포르투갈은 베트남에 관심이 많았다. 그들은 베트남이 풍부한 자원을 보유한 데다, 중국 진출을 위한 관문이자 교역을 위한 중간 기착지로 안성맞춤이라고 여겼다. 프랑스의 침략으로 인해 베트남은 1865년부터 100년 가까이 식민 지배를 받았다. 이 과정에서 짧은 기간 동안 일본의 지배도 경험했다.

이 시기 베트남인들은 독립을 쟁취하기 위해 줄기차게 투쟁했다. 그들에게 강력한 지배 세력에 맞서기 위한 게릴라전 방식은 매우 유용한 저항 방법이었다. 베트남인들이 저항과 투쟁의 역사를 가지게 된 것은 어쩌면 필연이었다.

베트민의 정부 수립

프랑스는 20년 이상 베트남을 압박하며 식민지화에 박차를 가했다. 그 결과 1884년 베트남의 응우옌 왕조는 끝내 멸망했다.

베트남이 주권을 잃고 프랑스의 보호국이 되자 베트남인들은 전국 각지에서 독립운동을 전개했다. 독립운동의 목표는 외세와 외래 종교를 몰아내는 것이었다. 그러나 조직과 무기가 열악했던 베트남인들은 성공을 거두지 못하고 번번이 프랑스군에 의해 진압되었다.

1900년 이후, 베트남에서는 민족주의 운동이 일기 시작했다. 1927년에는 민족주의를 표방하는 전국적 조직인 국민당이 창당되

었고, 호찌민Ho Chi Minh이 이끄는 공산당 등과 함께 적극적으로 저항
운동을 펼쳤다.

이들은 프랑스 군경에 맞서 싸우다 번번이 진압되자 1941년 "모
든 계층의 혁명 세력을 결집해 독립투쟁을 전개한다."며 베트남독립
동맹越南獨立同盟, 이하 월맹 또는 베트민(Viet Minh)을 결성했다. 베트민은 베트
남 북부를 근거지로 삼아 장기간에 걸쳐 독립투쟁을 주도했다.

한편, 일본은 1945년 3월 베트남을 지배하던 프랑스군을 무장 해
제시키고 연합군에게 항복한 8월 15일까지 약 5개월 동안 베트남을
지배했다. 이에 호찌민이 중심이 된 베트민은 일본이 항복하자마자
하노이Hanoi를 점령하고, 9월 2일 50만 군중이 참석한 집회에서 독립
선언문을 발표한 뒤 베트남민주공화국 수립을 선포했다.

북위 16도선을 기준으로 북부에서는 베트민이 주도권을 잡았으
나 남부의 상황은 다소 복잡하고 달랐다. 일본이 항복하자 남부는 여
러 독립단체가 '연합전선'을 결성하여 주요 직위를 인수하려 했지만,
강력한 지도자가 없어 모래알처럼 조직이 분열되며 취약한 모습을
보였다.

베트민은 자신들의 정통성을 근거로 남부의 연합전선 측을 압박
해 베트남의 모든 행정기구를 장악했다. 호찌민이 이끄는 베트민의
공산당원들은 북부와 남부에서 일본군 패전 이후 베트남 정국의 주
도권을 쥐고 북부와 남부에서 통일된 정부 수립을 추진했다.

제1차 베트남전쟁 발발

베트남전쟁은 흔히 1946년부터 1975년까지 약 30년 동안 벌어진 전쟁을 통칭한다. 이 중 1946년부터 1954년 7월 20일 제네바 협정이 조인될 때까지 베트민과 프랑스 간에 8년간 지속되었던 전쟁을 제1차 베트남전쟁이라고 부른다.

제1차 베트남전쟁은 제2차 세계대전이 끝난 후, 프랑스가 베트남에서의 지배 권리를 주장하고, 이에 맞선 베트민 측과 충돌이 벌어지면서 발발했다.

제2차 세계대전 승전국인 영국은 북위 16도선 이남 지역의 일본군 무장해제를 위해 사이공에 병력을 파병하면서 프랑스 편을 들어주었다. 반면, 북위 16도선 이북 지역에 주둔한 중국의 장제스蔣介石 군대는 베트민 측에 비교적 호의적인 태도를 보였다.

베트남을 다시 식민지로 삼으려는 프랑스와 독립국가를 세우려는 베트민은 영국과 중국의 군대가 철수하자마자 1946년 4월부터 7월까지 여러 차례 회담을 진행했다. 하지만 끝내 회담이 결렬되자 전쟁에 돌입했다.

이 과정에서 호찌민은 자신의 노선에 반대하는 세력들을 대거 숙청하고 조직력을 다졌다. 베트민은 병력을 총동원해 1946년 12월 19일 베트남 전역에서 프랑스군을 공격했다. 그러나 프랑스군은 사전에 정보를 입수해 철저히 대비했다. 화력과 훈련이 부족했던 베트민은 첫 번째 대결에서 크게 패했다.

이후 호찌민과 베트민 총사령관인 보 응우옌 지압Vo Nguyen Giap은 프랑스군과의 정면 대결로는 승산이 없다고 판단하여 북부 산악지대로 대피했다. 그곳에서 전력을 증강하면서 장기적인 무장투쟁에 들어갔다. 호찌민이 이끄는 정규군은 산악지대에서 조직 정비와 훈련에 전념했고, 각 지역에 주둔한 베트민 지방군과 민병대는 게릴라전을 전개했다. 주간에는 정글에 숨어있다가 주로 야간에 공격하는 베트민의 게릴라전 전술에 프랑스 군대는 고전했다.

1950년에 들어서자, 그동안 지원이 없었던 공산화된 중국과 소련이 베트민 정부를 승인함과 동시에 각종 무기와 장비를 지원하기 시작했다. 이에 힘입어 충분한 전력을 축적한 베트민은 공세적 자세로 전환했다.

당시 프랑스군은 자신들이 조종하는 식민지바오다이 정권의 베트남군을 후방에 배치하고, 주 병력은 베트민의 본거지를 공격하는 방식으로 전투를 벌였다. 그러나 프랑스군은 번번이 패배하며 점차 수세에 몰렸다.

1953년 5월, 새로 부임한 프랑스군 사령관 앙리 나바르Henri Navarre 장군은 과감한 승부수를 던졌다. 라오스에 접한 산악지역인 디엔비엔푸Dien Bien Phu에 전략적 거점을 마련해, 베트민 주력 부대의 퇴로를 차단하고 공세적 기동전을 벌이겠다는 계획이었다. 이를 위해 프랑스군은 수많은 병력과 장비를 항공기로 수송해 거대한 요새를 건설했다.

이에 맞서 베트민군은 총 4개 사단을 동원했다. 은밀히 정글 숲을 헤치며 수백 ㎞의 거리를 이동하면서 말, 자전거, 차량, 인력 등을 동원해 각종 포와 장비를 디엔비엔푸 부근으로 옮겼다. 이들이 촘촘한 포위망을 구축할 때까지도 프랑스군은 전혀 눈치채지 못했다.

1954년 3월 13일, 베트민군은 프랑스군 진지 200m 앞까지 접근한 뒤 전투에 돌입했다. 기습공격으로 시작된 전투는 5월 7일 프랑스군의 마지막 거점을 점령하면서 끝이 났다.

디엔비엔푸 전투에서 프랑스군은 전사 2,293명, 부상 5,134명의 피해를 보았고 1만 1,000여 명이 포로가 되었다. 반면, 베트민군은 전사 8,000여 명, 부상 1만 5,000여 명이라는 큰 피해에도 불구하고 완전한 군사적 승리를 쟁취했다.

프랑스는 디엔비엔푸 전투의 참패로 전의가 크게 꺾였다. 프랑스 국민 사이에서도 반전 운동이 거세졌고, 결국 전쟁을 포기해야 하는 상황까지 내몰리게 되었다. 반면, 베트민은 디엔비엔푸 전투의 승리를 발판 삼아 협상에 유리한 입지를 확보하여 프랑스를 압박했다.

제네바 협정과 베트남의 분단

프랑스와 베트민은 8년간에 걸쳐 전쟁이 계속되자 국제사회의 중재 하에 협상을 모색했다. 그 결과 1954년 5월 8일 스위스 제네바에서 프랑스, 베트민, 라오스, 캄보디아, 베트남바오다이 정부, 미국, 영국, 소련, 중국 등이 참가한 가운데 회담이 열렸다.

회담 직전 디엔비엔푸 전투가 베트민의 승리로 끝났기 때문에 프랑스는 여러모로 타협과 양보를 하지 않을 수 없었다. 협상에서 가장 합의가 쉽지 않았던 것은 베트남의 분할 경계선과 통일을 위한 남북 총선 시기였다.

베트민은 분할 경계선으로 북위 13도선을 주장했고, 남북 총선 시기도 협정이 조인된 후 수개월 내에 실시되기를 원했다. 그러나 국제사회의 여러 입장이 고려됐고, 중국과 소련이 중재에 나섰다. 그 결과, 분할 경계선은 북위 17도선으로 정해졌다. 남북 총선 시기는 협정 조인 후 2년 뒤에 실시하는 것으로 타결됐다.

1954년 7월 20일 '인도차이나 정전에 관한 제네바 협정'이 조인되었다. 그리고 다음 날 최종 선언문이 발표됨으로써 8년간 지속되었던 제1차 베트남전쟁이 끝나게 되었다.

미국은 최종 선언문에 조인하지 않았으나 이 협정을 승인했다. 베트민은 회담 시 남북 총선에서의 승리를 자신하며 조기 선거를 주장했다. 그러나 프랑스를 포함한 자유 진영 대표들은 바오다이 정부가 베트민의 정치·군사적 압력에 쉽게 굴복하리라 판단하고 총선을 2년간 유예시켰다.

협정이 발효되자 프랑스군은 분계선 남쪽으로, 베트민군은 북쪽으로 철수했다. 주민들도 자유의사에 따라 남과 북으로 이동했다. 약

10만 명이 남에서 북으로 갔고, 약 90만 명이 북에서 남으로 왔다.

남으로 내려온 90만 명 중 상당수는 공산정권이 싫어 내려왔으나, 약 6,000여 명의 공산주의 핵심 분자들이 남베트남에 잔류했다. 훗날 이들은 남베트남 내 공산주의 세력 팽창의 원동력이 되었다.

제네바 협정으로 전쟁은 끝났지만, 자유 진영과 공산 진영이 각각 남과 북으로 갈라지면서 대립이 심화되었다. 결국, 제네바 협정은 일시적인 미봉책일 뿐 다시 전쟁이 벌어질 것은 불을 보듯 뻔했다.

미국의 베트남 개입

북위 17도선으로 분단된 베트남은 북쪽에서는 호찌민의 체제하에 정치가 안정되어 갔지만, 남쪽은 프랑스가 조종하는 바오다이 정부가 간신히 명맥만 유지했다.

미국은 이 시기 소련과의 체제 경쟁, 중국의 공산화, 한반도의 6·25전쟁 등 여러 가지 정치적 상황을 고려해 베트남에 개입하기 시작했다. 1950년 2월, 남베트남 바오다이 정권을 공식 승인하고, 같은 해 4월에는 군사 사절단을 남베트남에 파견했다. 경제적으로도 1950년부터 1954년까지 4년간 약 23억 달러를 남베트남에 제공했다.

미국은 처음엔 베트남 개입에 대해 고민이 많았다. 철수하는 프랑스를 대신해 베트남에 개입하는 것이 여러모로 부담스러웠다. 무엇보다 남베트남 바오다이 정부의 무능과 부패에 실망했다.

이런 가운데 마침 미국에 망명 중인 민족주의자인 응오 딘 지엠 Ngo Dinh Diem이 남베트남을 이끌 지도자로 적합하다고 판단했다. 지엠이 훌륭한 정치력으로 남베트남을 안정시키고 강력한 반공산주의 국가로 만들 수 있으리라는 기대감이 베트남 개입의 출발선이었다.

미국은 1954년 7월 7일, 프랑스의 반대에도 불구하고 응오 딘 지엠을 바오다이 정부의 수상 자리에 앉혔다. 지엠은 1년여 동안 권력의 기반을 갖춘 뒤 국민투표를 통해 대통령에 당선되어 1955년 10월 26일에 취임했다.

응오 딘 지엠은 남베트남의 대통령이 되자마자 남북 총선거를 거부했다. 프랑스 또한 총선에 대한 책임을 피해 1956년 4월 15일을 기해 남베트남에서 전격 철수했다.

베트남에서의 총선이 무산되자 북베트남은 이를 제네바 협정 파기로 규정하며 극렬하게 반발했다. 남베트남의 공산주의 세력 또한 폭동과 함께 남베트남 정부 인사들에 대한 테러를 자행했다.

제네바 협정 이후 프랑스군이 물러나자, 미국은 국민적 지지 기반이 약한 응오 딘 지엠 정부를 지원하여 공산주의자들의 위협으로부터 보호해야 하는 임무를 떠맡게 됐다. 그로 인해 미국의 부담은 더욱 가중될 수밖에 없었다.

남베트남의 혼란과 베트콩 등장

베트남 국민은 북베트남의 호찌민이 오랫동안 독립투쟁을 이끈 훌륭한 지도자라고 인식했다. 반면, 응오 딘 지엠 대통령은 호찌민에 비해 정통성과 독립운동 경험 등에서 여러모로 부족하다고 평가했다.

이런 상황에서도 응오 딘 지엠은 초기에는 잠시나마 정치적 안정을 이루는 듯싶었다. 적극적인 농업 투자를 통해 쌀 수확량을 폭발적으로 증가시키고, 외자 유치를 통해 유리 공업과 면직물 공업을 크게 육성했다. 경제적 성과뿐만 아니라 불교도 군벌과 범죄 조직 소탕으로 치안도 안정시켰다.

그러나 북베트남은 남베트남에서 테러를 일으키고 폭력 투쟁을 선전, 선동하면서 남베트남의 민심을 교란했다. 이러한 상황에서 응오 딘 지엠은 자신의 정치적 기반인 지주 계급의 눈치를 보다가 토지 개혁에 실패하며 국민 대다수인 농민들의 신임을 잃게 되었다.

또한, 미국의 원조로 인해 눈먼 돈이 넘쳐나면서 정권은 급속도로 부패해 갔다. 응오 딘 지엠 일가가 국가 요직은 물론이고 경제권까지 독점하자 이에 반대하는 세력이 급증했다. 이에 응오 딘 지엠은 동생을 비밀경찰 책임자로 임명해 반대파와 경쟁자들을 마구 감옥에 보내고 처벌했다. 그 결과, 한때 안정되었던 치안은 다시 불안정해졌고, 정권에 대한 국민 여론도 악화되었다.

이러한 혼란 속에서 1960년 12월, 남베트남 민족해방전선National

Liberation Front, NLF이 결성되었다. 베트콩Vietnamese Communists, VC은 남베트남 민족해방전선이하 남민전 산하의 무장 게릴라 단체를 지칭하는 말이다. 베트콩은 제1차 베트남전쟁에서 프랑스와 싸워 독립을 쟁취한 북베트남의 베트민과는 다른 조직으로, 흔히 남베트남 공산주의자로 불렸다.

베트콩들은 과거부터 남베트남의 공산주의 운동가와 북베트남에서 남파된 자들을 주축으로 하여 선전과 포섭 등을 통해 자신들의 조직을 급속도로 확장해 나갔다. 응오 딘 지엠 정권의 부패가 표면화되자 베트콩들은 남베트남 전역에서 테러 및 게릴라 활동을 벌이며 지배 지역을 넓혀 국토의 절반을 장악했다.

이러한 가운데 남베트남 정부는 미국의 지원으로 소위 '전략촌 계획'을 추진하여 공산 세력에 대처하려 했다. 전략촌 계획이란 농촌지역에서 베트콩과 주민들을 분리하기 위해 새로운 농촌 마을을 건설하려는 정책이었다. 그러나 남베트남 정부의 부패와 미국의 무능함으로 인해 역효과만 초래하고 말았다.

남베트남군은 북베트남군은 물론이고 베트콩조차 제대로 상대하지 못했다. 이를 보여주는 대표적인 사례가 1963년 베트콩과 남베트남군 사이에서 벌어졌던 압박 전투였다. 이 전투에서 헬기와 장갑차 등으로 무장한 약 2,000명의 남베트남군이 약 200여 명에 불과한 베트콩에게 처참히 패배하는 충격적인 결과를 낳았다.

이 전투로 인해 남베트남군의 사기는 더욱 저하되었고, 심지어 유리한 상황에서도 전투를 회피하려고 했다. 이는 결국 미군이 어쩔 수 없이 베트남에 본격 개입하게 되는 시발점이 되었다. 미군은 남베트남군이 독자적인 작전 수행 능력이 없다고 평가하고 직접 전쟁을 주도해야 한다고 판단했다.

급기야 1963년 11월에는 국민적 신뢰를 완전히 상실한 응오 딘 지엠 정권이 전복됐다. 응오 딘 지엠은 1960년 군부 쿠데타를 간신히 제압한 이후 군부를 불신하고 사회 전반적으로 탄압하는 강경 정책을 펼쳤다. 그 결과 남베트남 사회 전반에 걸쳐 혼란과 불만이 증폭되었고, 결국 미국마저 등을 돌렸다. 쿠데타를 주도한 군부에 의해 응오 딘 지엠 대통령을 비롯해 비밀경찰 책임자인 동생까지 피살되었다.

그러나 쿠데타에 성공한 민Minh 장군이 1964년 1월 30일 칸Khanh 장군에 의해 쫓겨나는 등 1964년 한 해에만 무려 6번의 군부 쿠데타가 발생했다. 북베트남과 베트콩 등 공산주의 세력을 막아야 할 남베트남 군부가 이처럼 권력 투쟁을 벌이면서 사회 곳곳에서도 반정부 시위가 벌어졌고 혼란은 극에 달했다.

한편 응오 딘 지엠이 피살된 지 불과 3일 후인 1963년 11월 22일, 미국의 존 F. 케네디John F. Kennedy 대통령도 암살되었다. 이에 부통령이었던 린든 B. 존슨Lyndon B. Johnson이 대통령직을 승계했다. 존슨은 전임자 케네디 대통령의 베트남에 대한 적극적인 개입 정책을 그대로 이어받았다.

1964년에 들어와 남베트남 정국은 최악의 상황으로 치달았다. 북베트남은 이 기회를 이용해 정규군을 파견해 공세적인 행동을 취했다. 베트콩 또한 남베트남 전역에서 공세를 강화하며 미군 시설까지 공격했다.

북베트남에서 남파되어 베트콩에 합류한 무장 세력도 급증했다. AK-47 소총, K-50M 기관단총, RPG-7 대전차 로켓포, 82㎜ 박격포 등 각종 무기가 대거 보급되며 베트콩의 전투력은 급속도로 막강해졌다.

이제 미국은 남베트남이 공산화 세력에 의해 맥없이 무너지는 것을 지켜보든지, 아니면 보다 적극적으로 전투 병력을 투입해 저지할 것인지 결정해야만 했다. 그 결정의 책임자는 바로 새롭게 미국 대통령이 된 존슨이었다.

미국의 참전과 제2차 베트남전쟁

1964년 8월 2일, 베트남에서 '통킹만Gulf of Tonkin 사건'이 발생했다. 통킹만 사건이란 공해상에 있던 미 해군 구축함이 북베트남 어뢰정으로부터 공격받은 사건(미국의 조작이라는 주장도 있음)으로, 이에 따라 미국이 베트남전쟁에 본격적으로 참전하는 계기가 되었다.

존슨 대통령은 이 사건 직후 베트남에서의 군사 행동에 관한 백지

위임을 미 의회에 요청했고, 8월 7일 미 의회는 '통킹만 결의안'을 가결했다. 이 결의안은 사실상 북베트남에 대한 선전포고였다. 이때부터 베트남전쟁은 미국이 전면에 나서 싸우게 되는 새로운 국면으로 바뀌었다.

존슨 대통령은 미국이 베트남전에 참전하게 된 이유로 세 가지를 꼽았다. 첫 번째는 북베트남이 독립국가인 자유 진영의 남베트남을 공격했다는 것이었다. 두 번째는 베트남전쟁이 잔인하게 진행되어 비인간적인 행위를 막기 위해서라고 했다. 세 번째는 동남아시아 전체를 뒤덮기 시작한 공산주의의 팽창을 막아야만 했다고 밝혔다.

미국은 '통킹만 사건' 이후 지상군 파병을 기정사실화하고 투입 시기만을 조율했다. 이어 1965년 3월 8일, 전투부대인 미 해병대 2개 대대를 남베트남 다낭에 상륙시켰다. 이후 연말까지 총 16만 명이 넘는 병력을 파병했다. 1964년까지 비전투부대 중심으로 1만 7,000여 명이 남베트남에 주둔했던 것에 비하면 거의 10배 가까운 병력이 투입된 것이었다. 이후 미군은 1966년 38만 8,000여 명, 1967년 49만 7,000여 명, 1968년 54만 8,000여 명을 파병하는 등 해마다 병력을 증파했다.

미군은 지상군이 파병되기 전까지 주로 공군 전투기를 이용해 북베트남을 공격했다. 이에 북베트남군과 베트콩은 미군 비행장과 각종 시설을 공격하며 맞섰다.

당시 미군의 주월 사령관인 윌리엄 웨스트모어랜드William Westmoreland

대장은 지상군이 본격적으로 파병되면 수년 내 전쟁에서 승리할 것이라고 낙관했다. 1965년부터 본격화한 전쟁은 미 공군이 1966년 6월 29일 하노이와 하이퐁Haiphong의 유류고를 폭격하면서 크게 확산되었다.

이에 북베트남은 7월 17일 전 국민과 군대에 비상 동원령을 선포했고, 중국은 각종 전쟁 물자와 무기, 후방 기지를 제공했다. 전쟁은 이제 걷잡을 수 없이 확대되어 자유 진영과 공산 진영의 각국이 결집하는 국제전이 되었다.

1965년, 미군이 지상군을 파병했을 당시 남베트남은 사실상 외부의 도움 없이는 아무것도 하지 못하는 무력한 국가였다. 미국은 남베트남의 정치 개혁보다는 눈앞의 공산 세력을 막기 위해 각종 부패를 묵인했다. 그 결과 남베트남 정부의 무능과 심각한 민심 이반은 더욱 가속화되었다.

전장에서의 전투만큼 후방에서의 정치가 중요했던 베트남전쟁의 특수성을 생각한다면 미국은 그런 점에서 여러 가지 실책을 저질렀다. 그중 하나는 전면 개입 결정 이후 남베트남군을 철저히 불신해 미군 기지 경비 같은 임무만 맡긴 채 전투 임무는 미군 주도로 연합군이 떠맡도록 한 점이었다. 남의 땅에서 남의 전쟁을 수행하게 된 미군의 사기는 떨어졌고, 실제로 잘 싸우지도 못했다.

미국의 정치인들은 미군의 화력이 워낙 압도적이었던 까닭에 처음에는 쉽게 상황이 종료될 것이라고 기대했다. 그러나 실제 상황은 정반대로 전개되었다. 미군은 전차와 항공기로 밀어붙이는 기존의 전쟁에는 익숙했지만, 베트남에서의 게릴라전은 일찍이 경험해 보지 못했다.

미군은 목표물이 확실한 북베트남의 경우 거침없이 폭격하면서도 중국과의 충돌을 우려해 베트남과 중국의 국경지대까지는 폭격하지 못했다. 반면, 북베트남군과 베트콩 측은 '구찌 터널Cu Chi Tunnels' 이라는 땅굴을 교묘히 이용해 폭격 피해 없이 인력과 보급품을 손쉽게 이동하거나 은신처로 활용했다. 게다가 북베트남군 역시 전투기나 대공포로 반격하며 미군의 폭격 효율을 크게 떨어뜨렸다.

구찌 터널의 존재를 파악한 미군은 어렵게 입구를 찾아도 그 크기가 체격이 작은 베트콩이 겨우 들어갈 정도로 입구가 협소하여 공략에 애를 먹었다. 이에 미군은 땅굴 전담 특수부대를 투입했으나, 베트콩은 입구에 전갈이나 독사를 풀어놓고 부비트랩덫이나 함정을 설치하는 방식으로 맞대응했다. 땅굴 통로가 너무 좁아 미군이 간신히 진입하더라도 오히려 베트콩에 의해 일방적으로 당하는 상황이 반복되었다.

결국, 베트남의 정글이라는 거대한 전장은 대규모 화력전보다는 소규모 게릴라전에 적합한 환경이기에 미군은 속수무책이었다. 미군은 사단급 이상 대규모 작전에 익숙했지만, 베트남의 정글에서는 그런 대규모 작전이 어려웠다. 중대급 이하, 소대 단위 편제로 이루어지는 소규모 작전에서는 즉각적인 포병이나 항공 화력지원이 어려웠다.

베트콩은 땅굴 등을 활용해 자신들이 싸우고 싶을 때 나타나고, 불리할 때는 숨어버리는 새로운 형태의 적이었다. 더욱이 복장도 민간인과 다를 바 없어 적과 아군을 구별할 수가 없었다. 눈에 보이는 북베트남군보다 눈에 보이지 않는 베트콩이 미군에게 더 두려운 존재였다.

이런 암담한 상황 속에서 등장한 한국군은 미군에게 사막 한복판에서 만난 오아시스처럼 그 누구보다 큰 힘이 되어준 강력한 동맹군이었다.

미국의 한국군 파병 요청

미국의 존슨 대통령은 1964년 3월 17일, 베트남전에 적극적으로 개입한다는 국가안보조치 메모NSAM-28를 승인했다. 이때부터 미국은 "베트남 사태에 대처하기 위해 많은 자유 우방국을 끌어들여 국제사회의 지지를 얻어낸다."는 정책으로 전환했다.

그러나 영국을 비롯해 프랑스, 파키스탄 등 일부 국가들은 미국의 군사 개입에 반대했다. 이에 존슨 대통령은 1964년 5월 9일, 한국을 포함한 자유 우방 25개국에 '베트남 지원 방안을 검토해 줄 것'을 요청하는 공문을 보냈다.

이 공문은 브라운 주한 미국대사를 통해 박정희 대통령에게 전달되었으며, 그 내용에는 이동외과병원의 파병을 요청하는 내용이 포함되었다. 사실 한국 정부는 미국의 이러한 요청 이전부터 베트남 파병을 내심 원했고, 준비하고 있었다. 따라서 문서를 검토하자마자 이동외과병원과 태권도 교관단 파병을 결정했다.

이후 미국 정부는 통킹만 사건을 계기로 베트남전쟁에 깊숙이 개입하게 되면서 한국 정부에 추가 파병을 요구했다. 이에 대해 박정희 대통령은 "존슨 대통령이 군사 협조를 요청하면 우리는 언제라도 미국을 도울 용의가 있으며, 비전투부대뿐만 아니라 전투부대까지도 파병할 수 있다."고 화답했다.

한국 정부의 적극적인 파병 의사는 1965년 5월 17일과 18일 양일간 미국 워싱턴에서 열린 한·미 정상회담을 통해 공식화 및 구체화 되었다. 이처럼 한·미 간 한국군 파병이 순조롭게 추진된 것은 양측 모두의 이해관계가 맞아떨어졌기 때문이었다.

미국은 베트남에 전투 병력을 신속히 파병하는 것이 시급한 문제였기에, 상당한 규모의 군대를 보유한 한국의 지원이 절실했다. 한국 또한 경제 및 국방을 미국으로부터 보장받을 수 있는 절호의 기회를 놓치지 않으려고 했다.

한·미 정상회담 결과 한국은 미국 측의 요구를 수용하는 대가로 제1차 경제개발계획의 차질 없는 마무리와 제2차 경제개발계획을 원활하게 추진할 수 있는 여건을 마련했다. 또한, 불안정했던 국가방위 태세도 확고히 구축할 수 있었다. 특히 그동안 미국의 일방적

지원으로 유지되던 한·미 동맹관계가 상호의존적인 관계로 격상되는 계기가 되었다.

한국군의 베트남 파병

한국 정부의 베트남 파병 명분은 과거 6·25전쟁 당시 참전한 미국을 돕는 한편, 자유 우방국인 남베트남이 공산화되는 것을 막는다는 것이었다.

한국 정부는 파병을 서둘렀다. 태권도 교관단 10명을 포함한 140명 규모의 의료지원단을 1964년 9월 22일 남베트남의 수도 사이공에 상륙시켰다. 8년 6개월 동안 계속된 한국군 베트남 파병의 시작이었다. 이어 1965년 3월에는 약 2,000명 규모의 공병대 등 건설지원단을 비둘기부대라는 명칭으로 추가 파병했다.

그러나 미국은 전황이 급박해지자 한국군 1개 사단 규모의 전투부대 병력 파병을 요청했다. 이에 한국 정부는 주한 미군의 계속 주둔, 한국군의 현대화 지원 등 국익 차원의 원조 보장을 조건으로 제시했다. 미국은 한국의 요구를 대부분 수용했다.

이에 따라 한국은 1965년 10월, 주월 한국군 사령부를 창설하고 제2해병여단청룡부대과 수도사단맹호부대을 파병했다. 해군과 공군도 가세했다. 해군의 수송전대인 백구부대(1966년 3월)와 공군의 항공수송단인 은마부대(1967년 7월)가 창설과 함께 파병되었다. 1966년 9월에는 9사단백마부대이 추가로 파병되면서 주월 한국군은 군단급 부대로 확충됐다.

전투부대 파병은 당시 한국 정부가 심혈을 기울여 추진했던 핵심적인 정책이었다. 그러나 이는 한국의 방위력과 직결되는 문제이자, 장병들의 생명이 걸린 중대한 사인이었다. 따라서 순조롭게 진행됐던 비전투부대 파병과는 또 달랐다.

실제로 전투부대가 파병되기까지는 여러 우여곡절을 겪어야 했다. 먼저 국회에서부터 야당 의원은 물론 여당 일부 의원까지 파병에 반대했다. 심지어 초대 주월 한국군 사령관이었던 채명신 장군조차도 초기에는 대통령 앞에서 반대 의사를 표명했던 대표적인 군 내 파병 반대론자였다.

그러나 한국 정부는 강력하게 밀어붙였다. 국방부는 파병부대 선정에 착수해 강원도 홍천에 주둔하고 있던 육군 수도사단-1연대, 사단은 3개 연대로 구성되지만, 베트남에 파병된 수도사단은 2개 연대로 편성됨과 포항에 주둔하고 있던 해병 2연대를 선정했다.

파병부대가 선정되자 육군과 해병대는 본격적으로 파병 장병 선발에 나섰다. 먼저, 주월 한국군 사령관 겸 수도사단장에 채명신 소장이 선임되었다. 채명신 장군은 6·25전쟁 당시 국군 최초의 유격부대인 백골병단을 지휘한 바 있는 게릴라전 전문가였다. 또한, 사단장을 마치고 육군본부 작전참모부장으로 재직하면서 한·미 간의 군사 외교와 작전에서 탁월한 역량을 보여 일찍부터 적임자로 평가되었다.

수도사단의 각급 지휘관 등 장교는 육군 차원에서 큰 문제 없이 선발되었다. 그러나 병사의 경우 수도사단 내에서 선발한 적격자는 20~30%에 불과했다. 이 때문에 추가 모집을 통해 전방의 각 사단에서 1개 중대를 편성해 수도사단에 인계하도록 했다. 이렇게 1개 연대가 부족한 수도사단 파병부대를 '맹호부대'로 불렀다.

해병대는 육군과 달리 장교 및 병사의 추가 모집 없이 기존 부대 인원을 최대한 유지했다. 다만 육군의 1개 포대와 야전공병 1개 중대가 해병 2연대에 배속되었고, 독립적인 임무 수행을 고려해 여단급 규모로 확대되었다. 이처럼 연대가 여단으로 승격됨에 따라 여단장은 이봉출 준장이, 기존 연대장은 여단 참모장으로 임명되었다. 해병 2연대를 모체로 창설된 이 2여단은 '청룡부대'로 명명됐다.

베트남으로 파병된 최초의 전투부대는 해병대 청룡부대였다. 1965년 10월 3일 부산항에서 국민들의 열렬한 환송을 받으며 미군 수송함을 타고 장도壯途에 올랐다. 청룡부대는 6일간의 항해 끝에 10월 8일 남베트남의 중부에 있는 캄란에 입항했다.

맹호부대는 10월 15일 1연대를 시작으로 차례로 부산항을 떠나 11월 초까지 베트남에 모두 도착해 각각의 주둔지로 이동했다.

한국군 작전통제권 확보

한국군은 파병 직후부터 뛰어난 전투력으로 호평받았다. 미군을 비롯해 각국의 군사 관계자들로부터 찬사를 받은 한국군의 전투력 비결에 대해서는 여러 가지 의견이 있다. 그중에서도 가장 설득력 있는 주장 중 하나가 한국군의 작전통제권 확보이다.

한국군이 처음 베트남에 파병될 당시 작전권을 두고 미군과 남베트남군이 서로 자신들의 통제하에 두려고 대립하는 바람에 한국·미국·남베트남 3국 협조기구를 통해 운용하는 방식으로 합의했다.

비전투부대 파병에 대해서는 미국의 양보로 한국 측 요구안대로 관철되었다. 하지만 전투부대 파병이 결정되자, 미군은 지휘체계의 일원화 원칙을 내세우며 한국군의 작전통제권을 행사하려 했다. 이에 대해 한국 측과 남베트남 측은 한국군에 대한 미국의 작전통제권 행사를 반대했다.

결국 한·미 양측은 교섭 끝에 "주월 한국군의 지휘권은 한국군 사령관에게 있으며, 한국·미국·남베트남 3국의 긴밀한 협조를 위해 국제군사원조기구IMAO를 존속 운영한다."는 내용의 군사실무약정서에 합의했다.

이후 1966년 9월, 한국군 전투부대 1개 사단백마부대, 9사단이 추가 파병되면서 이 문제가 다시 거론되었다. 미군 측은 이번만큼은 백마부대가 자신들의 작전통제를 받아야 한다고 강력하게 주장했다. 그러나 주월 한국군 사령관인 채명신 장군은 게릴라 전쟁의 특성을 고려해야 한다며 끝까지 한국군의 작전통제권을 양보하지 않았다.

이처럼 작전통제권을 두고 미군과 맞섰던 채명신 한국군 사령관은 파병 직전부터 미군의 전술에 문제가 있으며, 결국 베트남전에서 패배할 것이라고 예상했다. 게릴라전 전문가인 그는 미군의 전술인 '수색 및 격멸' 개념에 입각한 정규전 방식은 정글에서는 통하지 않는다고 내다봤다.

실제로 한국군보다 먼저 전투 병력을 파병한 미군은 게릴라들이 은거하고 있을 지역을 탐색하여 강력한 화력을 쏟아붓는 작전을 펼쳤다. 그러나 이 작전은 큰 효과를 발휘하지 못했다. 이 때문에 가뜩이나 화력이 떨어지는 한국군이 미군의 지휘 통제하에 작전을 펼친다면 한국군의 피해가 엄청날 것으로 예상되었다. 채명신 장군이 미군의 작전통제권 행사에 강력하게 반대한 것은 이런 점도 고려되었다.

채명신 사령관은 한국군의 여건과 남베트남 정글 환경에 적합한 새로운 형태의 한국군 전술을 고안했다. 이 전술이 성공하기 위해선 미군의 작전통제를 거부하고 최대한 빠르게 이를 정착하는 것이 급선무였다. 한국군의 작전통제권 확보는 이를 위한 첫걸음이었다.

한국군 첫 승리, 카투산 전투

1965년 10월, 베트남에 상륙한 청룡부대 2대대는 캄란항 남쪽 70㎞ 지점에 있는 판랑으로 이동했다. 당시 미군이 공사 중이던 비행장을 경계하는 임무에 투입된 것이었다.

이곳에서 조금 떨어진 곳에 해발 318m의 카투산이 위치했는데, 1번 도로 및 비행장 등 주요 지역을 관측할 수 있는 천혜의 고지였다. 산세가 험준하고 바위산에는 많은 천연동굴과 가시나무 정글이 형성되어 접근하기가 매우 어려운 곳이었다.

이와 같은 지형적 이점을 이용한 베트콩들은 카투산에 강력한 진지를 구축하고 1개 소대 규모의 병력을 배치했다. 이들은 1965년 6월부터 주변 1번 도로로 이동하는 차량과 비행장에 이착륙하는 항공기들에 대해 엄청난 피해를 줬다.

카투산은 제1차 베트남전쟁 당시에도 프랑스군이 점령을 위해 8차례나 공격했으나 실패했고, 이후 남베트남군도 매번 공격에 실패했던 곳이었다. 카투산을 거점으로 한 베트콩의 공격 빈도가 빈번해짐에 따라 비행장의 안전을 위해 소탕 작전이 불가피한 상황이었다.

청룡부대 2대대장은 면밀한 분석과 검토 끝에 공격작전과 이를 위한 미 공군과 포병의 화력지원 계획을 세웠다. 그리고 지상 공격작전을 수행할 부대로 5중대중대장 강인수 대위를 선택했다.

또한, 공격작전 시 후퇴하는 베트콩 잔존 병력의 소탕을 위해 카투산 남북으로 각각 남베트남 민병대 1개 중대, 해안 탈출로에 남베트남군 1개 중대를 배치했다.

11월 4일, 2대대 5중대가 카투산 남서쪽에서부터 공격을 개시했다. 1소대는 고지 북쪽에서, 2소대는 남쪽에서부터 공격했다. 3소대는 산내에 있는 사원으로 도망가는 베트콩과 접전을 벌였다.

동굴과 벙커 등지에서 저항하는 베트콩과의 교전은 4시간 넘게 진행되었다. 해병대 장병들은 베트콩들이 숨어있던 동굴과 벙커를 하나하나 점령하며 끝내 카투산 정상에 태극기를 게양했다. 베트남에서의 첫 전투에서 승리한 것이었다. 베트콩들이 지난 10여 년간 프랑스군과 남베트남군의 공격을 막아내며 장악하고 있던 난공불락의 요새를 불과 몇 시간 만에 점령한 것이었다.

이 전투를 지켜본 미군과 남베트남군은 한국군의 전투력에 혀를 내둘렀다. 벙커와 바위틈에 숨어 고지 위에서 기관총을 쏘아대는 베트콩에게 한국군은 전혀 당황하지 않았다. 토끼사냥을 하듯이 침착하게 한 걸음 한 걸음 나아가며 포위망을 좁혀가는 해병대원들의 전투력은 기존의 미군이나 남베트남군과는 차원이 달랐다.

베트콩은 7명의 전사자를 남기고 도주했으나 한국군은 3명의 경상자가 전부였다. 도주로를 차단한 남베트남군이 제대로 대응했다면 훨씬 더 많은 전과를 올릴 수 있었겠지만, 이를 놓친 점이 옥의 티일 정도였다.

이후, 주월 한국군은 군 역사에 길이 남을 많은 작전과 전투를 이어갔다. 그 시작이 바로 '카투산 전투'였다.

한국군의 중대기지전술

주월 한국군 사령관인 채명신 장군은 베트남에서 '어떻게 싸울 것인가How to fight'에 대해 고심했다. 그래서 나온 한국식 전술이 바로 '중대기지전술'이었다.

이러한 작전 개념은 주민과 게릴라의 관계를 '물과 물고기'의 관계로 규정했던 중국 마오쩌둥毛澤東의 유격 전술에 따라 활동하고 있는 베트콩의 전술을 역이용한 것이었다. 채명신 장군은 6·25전쟁 직전 빨치산 토벌대 중대장으로 활약했고, 전쟁 당시에는 북한에 침투한 아군의 게릴라부대 지휘관을 역임한 바 있어 게릴라전의 특성을 누구보다 잘 알고 있었다.

채명신 장군이 수립한 3단계 작전, 즉 분리-차단-격멸을 위해서는 첫 번째 단계로 주민들 속에 숨어있는 베트콩을 주민으로부터 분리하는 것이 가장 중요했다. 이를 위해 책임 지역 내에서 핵심적인 지역을 선정해 전술기지Tactical Base를 설치했다.

이러한 전술기지는 가용 병력이 제한되기 때문에 중대 단위를 기본으로 삼았다. 미군은 대대급 이상의 병력을 주둔지로 둔 반면, 한국군은 중대 단위로 전술기지를 운영했다. 이에 대해 미군은 "중대 단위로 분산된 전술기지는 베트콩에 의해 쉽게 각개 격파될 수 있다."고 우려했다. 한편으로는 한국군의 이러한 독자적인 전술이 실패하면 자연스럽게 작전통제권을 가져올 수 있을 것이라는 기대 섞인 속마음도 있었다.

채명신 장군은 중대전술기지의 취약점을 보완하기 위해 기지별로 연대 규모의 적 공격을 48시간 이상 저지할 수 있도록 다음과 같은 대책을 마련했다.

첫째, 아군 포병의 화력지원 거리 내에 위치시켜 화력으로부터 보호받을 수 있도록 한다. 둘째, 기지 외곽에 여러 겹의 철조망 및 지뢰지대를 설치하고, 기지 내부도 교통호와 참호 및 유개호로 연결된 강력한 요새를 구축한다. 셋째, 고립방어에 필요한 탄약과 보급품을 사전에 비축한다.

중대전술기지의 임무는 수색 정찰을 통해 적의 근거지를 찾아내 포착 섬멸하고, 매복 작전으로 적들이 주민에게 접근하는 것을 차단하는 것이었다. 주민들 속에 섞여 있는 적들은 민사심리전을 전개하면서 주민들의 자발적인 지원과 반복적인 수색 정찰로 적을 색출 및 소탕하는 것이 골자였다.

한마디로 중대전술기지는 한국군의 3단계 작전 개념을 뒷받침하는 '한국군을 위한 한국군만의' 핵심 시설이었다. 반면, 한국군 전투병 파병 이후 화끈한 전투력을 기대하던 미군은 중대전술기지를 중심으로 소규모 전투에만 집중하는 한국군을 못마땅하게 여겼다. 미

1975 사이공 대탈출

군은 내심 불안한 심정으로 한국군의 작전 방식을 지켜보았다.

이러한 미군의 기대에 부응하고 조바심을 일거에 해소하는 대규모 전투가 캄보디아 국경과 멀지 않은 지역에서 발생했다. 미군의 강력한 요청에 어쩔 수 없이 한국군 1개 대대가 주둔지를 이동하면서 벌어진 전투였다.

당시 남베트남 내륙에서는 주로 베트콩과 소규모 전투를 벌였다면, 국경 부근에서는 북베트남 정규군과의 전투가 잦았다. 대규모 병력을 동원하는 북베트남 정규군과의 전투는 이제 피할 수 없는 상황이 되었다.

북베트남군과 대규모 전투

육군 맹호부대는 파병 후 중부의 퀴논 지역에서 평정작전을 통해 주둔지 일대를 안정화하면서 영향력을 확대해 나갔다. 평정작전이란 해당 지역에 은거하는 베트콩을 색출 및 소탕하면서 주민들의 생업을 보장하는 다양한 활동을 포함하는 것이었다.

반면 캄보디아 일대의 산악정글에는 '호찌민 루트'를 따라 남하한 북베트남 정규군들이 상당수 포진하고 있었다. 호찌민 루트는 미군의 공습을 피해 라오스와 캄보디아 국경선 산악지역에 구축된 북베트남의 병력 및 보급 수송로였다. 이 루트를 통해 수많은 물자와 장비가 베트콩에게 제공되었다.

주월 미군 사령부는 1966년 초 이곳을 통해 북베트남의 대규모 정규군이 남베트남 주요 지역으로 진입할 것이라는 정보를 입수했다. 이들 북베트남 정규군이 남베트남으로 진입하기 전에 국경선 일대에서 포착하여 섬멸해야만 했다.

미군은 이들을 막기 위해 캄보디아 국경선에 대규모 병력을 투입하는 작전을 세웠다. 그러나 가용 병력이 제한되어 핵심적인 요충지조차 장악하지 못했다. 이처럼 어려운 상황에 봉착한 미군 사령부는 한국군 1개 대대를 둑꼬Duc Co 지역으로 보내달라고 요청했다.

당시 채명신 주월 한국군 사령관은 미군의 간곡한 요청을 매번 거절하기 어려워 고심 끝에 기갑연대 3대대를 차출했다. 3대대는 미군 제25사단 3여단에 배속되어 1966년 7월 7일 차량으로 19번 도로를 따라 둑꼬 지역에 투입되었다.

둑꼬에 도착한 맹호부대 기갑연대 3대대는 채명신 장군의 지침에 따라 둑꼬 일대에 중대전술기지를 구축하기 시작했다. 그러나 미군의 작전 개념은 한국군과 달랐다. 미군 3여단장은 대대 단위로 강력한 전투부대를 구성하여 요충지를 방어하면서 지속적인 수색 정찰로 북베트남 정규군을 격멸하라고 지시했다.

맹호부대 3대대장인 최병수 중령은 "중대전술기지를 구축해 작전에 임하라."는 채명신 장군의 지침과 "대대급 단일 주둔지를 설치해 작전을 수행하라."는 미군 3여단장의 지시가 충돌하자 한국군 사

1975 사이공 대탈출

령관의 지침을 따랐다. 당연히 미군 3여단장과 불화가 생겼지만, 이러한 불편함 속에서도 묵묵히 중대전술기지 건설에 박차를 가했다.

주둔지 일대를 수색하면서, 한편으로는 적 연대급 부대의 공격을 48시간 이상 저지할 수 있는 기지를 건설하는 것은 보통 일이 아니었다. 해당 중대는 수색과 매복 작전을 수행하는 동시에 기지 건설 작업에 총력을 기울였다. 전 병력이 총동원되어 밤낮을 가리지 않고 24시간을 쪼개 가며 고된 시간을 보내야 했다.

이런 가운데 북베트남 대규모 정규군과 피할 수 없는 전투가 소리 없이 다가오고 있었다.

전설의 서막, 둑꼬 전투

전투에서 승리하려면 상대방이 방심하고 있을 때 기습공격을 감행하는 것이 효과적이다. 더욱이 압도적인 병력으로 밀어붙이면 99% 승리는 보장된다. 그런데 이러한 완벽한 기습공격에도 패한다면 그것은 상대가 월등히 강하다는 말 이외에는 설명할 길이 없다. 둑꼬 전투가 그랬다. 베트남에서의 한국군 전설은 이렇게 시작됐다.

1966년 8월 9일 밤, 둑꼬 지역의 3대대 9중대 전술기지에서는 임기를 마치고 다음 날 떠날 예정인 전임 중대장 이춘근 대위를 위해 후임 중대장 강세호 대위가 마련한 조촐한 송별 행사가 열렸다.

이날 9중대는 1박 2일간의 정글 수색 작전으로 모두가 지쳐 있었다. 중대는 며칠 전 야간에 기지 정면으로 은밀히 접근한 북베트남군 4명을 사살한 뒤, 다음 날부터 캄보디아 국경선까지 철저한 수색과 매복 작전을 벌이고 막 귀대한 상태였다. 그야말로 녹초가 된 상황이었다.

북베트남 정규군은 한국군의 이러한 상황을 지켜보며 기회를 엿보고 있었다. 그들은 9중대 기지를 적합한 목표로 선정하고 치밀하게 준비했다. 한국군 중대전술기지를 기습해 일거에 쓸어버린다면 한·미 연합작전 태세에 균열을 가져오고 앞으로의 전장 상황을 주도할 수 있겠다고 생각했다.

이날 9중대 기지의 야간 경계 근무는 12중대에서 파견된 기관총 소대 장병들이 맡았다. 미군 전차 소대5대 장병들도 배속되어 대기하고 있었다.

오후 10시 40분경, 기지 2소대 전방에서 조명지뢰 1발이 '펑' 하고 터졌다. 근무 중이던 기관총 부사수 박오택 상병은 사수와 함께 귀를 기울이며 전방을 응시했다. 긴장된 시간이 몇 분 흐르자 미세한 발걸음 소리가 들렸다.

박오택 상병은 마침 기지 외곽을 순찰하고 있던 화기 소대장 임복만 중위에게 이 사실을 보고했다. 임 중위는 다시 중대 본부에 이를 알렸다. 그러나 중대장은 피곤함에 지쳐 잠든 중대 병력을 깨우기보다는 좀 더 상황을 지켜보자며 즉각적인 대응을 미뤘다.

얼마쯤의 시간이 지나자, 이번엔 땅을 파는 것 같은 소리가 들렸다. 긴장한 박 상병은 또다시 임 중위에게 보고했다. 임 중위의 3번째 보고가 계속되자 중대장은 배속된 미군 전차에 부착된 탐조등으로 전방을 확인하라고 지시했다.

중대장의 명령에 따라 전차의 시동이 걸렸다. 그리고 탐조등이 전방을 비추자마자 천지를 울리는 요란한 굉음과 함께 포탄이 쏟아졌다. 적은 사전 정찰을 통해 아군 전술기지를 정확히 파악한 뒤 박격포 세례를 퍼부었다.

아군의 중대전술기지는 순식간에 전장으로 바뀌었다. 기지 외곽을 이중 삼중으로 포위한 연대급 규모의 적은 기습적인 포격과 함께 집중 공격을 감행했다. 그 와중에 적이 발사한 포탄 한 발이 중대 본부를 명중했다. 후임 중대장 강세호 대위가 전사하고 무전병이 부상하는 등 지휘체계가 와르르 무너졌다.

중대 본부 부근의 잠복호에 있던 포병 관측장교 한광덕 중위는 포탄이 쏟아지자 급히 중대 벙커로 달려갔다. 무전병이 한 중위의 뒤를 따랐다. 한 중위는 포탄에 파괴된 중대 벙커에 들어서자마자 본능적으로 무전기를 움켜쥐었다.

"호남선대대장, 여기는 만리포중대장 관측장교, 호남선은 포병 무전병을 바꾸라. 넷 둘, 사격 임무 송신한다. 화집점표적 AB311, 방위각 4360, 사격 중인 적 박격포, 포대 10발!"

한 중위가 최초 사격 임무를 위해 사용한 무전기는 대대 지휘망이었다. 갑작스러운 무전에 대대장은 "중대장을 바꾸라!"고 외쳤지만,

한 중위는 계속해서 "포대 10발!" 사격을 요청했다. 중대 지휘체계가 무너진 상태에서 설명할 시간이 없었다. 수정사격도 없이 단번에 포대 10발 사격을 요구한 것은 그만큼 상황이 절박하다는 뜻이었다.

당시 한 중위가 화력지원계획을 보지도 않고 본능적으로 사격 임무를 요청할 수 있었던 것은 중요 표적의 제원을 수첩에 기록해 두고 암기했기 때문이었다. 만약 자신이 적이라면 박격포를 어디에서 쏘는 것이 최적지인지 미리 생각했고, 그곳의 좌표를 외워둔 것이었다.

한 중위의 요구에 따라 발사된 아군 포병의 첫발은 정확히 적의 박격포 진지에 명중했다. 적 공격이 시작된 지 불과 5분도 채 되지 않은 짧은 순간이었다. 아군 기지로 빗발치던 적 포병 공격이 주춤하자 9중대는 이내 정신을 되찾고 반격에 나섰다.

반격의 선봉은 9중대로 파견된 12중대 기관총 소대 선임하사관인 이대일 중사로부터 시작됐다. 당시 중대 기지에는 외곽 방어선을 따라 총 11정의 기관총이 배치되었는데, 이 중 4정이 2소대의 정면에 배치되었다. 이때 기관총 소대장은 며칠 전 말라리아 질환으로 후송되었기에 이 중사가 소대를 지휘했다.

이 중사는 적의 포격이 시작되자마자 곧 적 보병의 공격이 있을 것으로 예상하고 침착하게 4정의 기관총 요원들을 지휘했다. 이 중사가 배치된 9중대 2소대의 위치는 다른 지역과 달리 정면이 확 트인 평야였다. 따라서 이 중사는 평소 4정의 기관총이 정면을 교차해 사격할 수 있도록 배치하고 사전에 훈련을 반복해 왔다.

한바탕 쏟아지던 포 사격이 주춤한 가운데 곧 적의 모습이 드러났다. 때마침 아군 전차가 탐조등을 비추자, 수백 명의 병력이 새까맣게 몰려왔다. 적의 주력이었다.

이 중사는 적의 대규모 병력이 눈앞에 다가오자, 사격을 명령했다. 아군의 기관총 4정이 일제히 "따르륵", "따다당" 불을 뿜자 적은 추풍낙엽처럼 쓰러졌다. 평탄한 지역에서 교차 발사되는 기관총의 위력은 엄청났다. 북베트남 정규군은 전혀 예상치 못한 아군의 강력한 화력에 속수무책이었다. 북베트남군은 우왕좌왕 갈피를 잡지 못하고 일방적으로 얻어터지면서도 공격을 멈추지 않았다. 아군의 포탄도 적들의 머리 위로 화려한 불꽃 쇼를 펼쳤다.

이런 가운데 9중대의 주력인 2소대 병력이 전열을 가다듬고 반격에 가세했다. 적의 포격 시 2소대장이 중상을 입고 쓰러지자, 선임하사관인 이종세 중사가 신속히 소대를 지휘하여 각자의 호에서 일제히 사격했다.

전투는 다음 날 오전 7시에야 끝이 났다. 아군 포병의 정확한 화력지원과 중대에 배치된 미군 전차의 탐조 및 직사포 사격, 그리고 중대 전 장병이 각자의 호에서 정확한 조준사격 등을 통해 6차례에 걸친 적의 맹렬한 공격을 물리치고 적을 괴멸시켰다.

아군의 피해는 후임 중대장을 포함해 전사 7명, 부상 46명이었다. 반면 적의 피해는 사살 184명, 포로 6명이었다. 그러나 그들이 부상자와 시신을 옮긴 것을 고려한다면 실제 피해는 500명이 넘었을 것으로 추산하였다.

북베트남 정규군의 연대급 병력이 절반 가까운 참담한 인명피해를 입은 채 물러나자, 난리가 났다. 아침이 되어 달려온 미군 여단장은 기지 주변에 널브러진 북베트남군의 수북한 시체를 보고 한국군의 전투력에 혀를 내둘렀다.

보초 근무자의 신속한 보고와 포병의 즉각 대응, 그리고 기지 경계를 맡은 기관총 요원들의 정확한 사격과 9중대 장병 모두의 침착한 대응 사격이 한국군의 베트남 파병 이후 최대 전과를 올리게 했다.

이 전투를 계기로 한국군의 중대전술기지에 대해 의구심을 품었던 미군들도 더 이상 군소리 없이 인정하게 되었다.

한국의 박정희 대통령은 베트남 퀴논의 맹호부대 사령부를 방문해 이종세 중사와 채명신 중장에게 베트남전 파병 최초로 태극무공훈장한국군의 최고 등급 훈장을 수여했다. 또한 박오택 상병과 이대일 중사 등 7명에게는 을지무공훈장, 한광덕 중위에게는 충무무공훈장 등 전투에 참여한 190여 명의 장병 모두에게 각종 훈장을 수여했다.

해병의 신화, 짜빈동 전투

1967년 2월 15일미국 시각 아침, 전쟁이 한창인 이역만리 베트남에서 놀라운 소식이 전해졌다. 한국군 해병 청룡부대 11중대가 북베트남

1975 사이공 대탈출

정규군 1개 연대를 상대로 대승을 거두었다는 내용이었다. 일명 '짜빈동 전투'로 불린 이 싸움은 한국보다 미국에서 먼저 속보로 보도되며 찬사를 받았다./베트남전쟁을 통틀어 단일 작전에서 가장 큰 전과를 거둔 전투였다.

이 전투의 주인공인 청룡부대 11중대는 1968년 미 국방성이 선정한 최고의 부대로 뽑혔다. 미군이 자국군이 아닌 한국 동맹군에게 최고 부대 표창을 수여한 것은 유례가 없는 일이었다.

또한, 미 제3해병 원정군 사령관인 웰트 중장이 "한국 해병이 아군인 게 정말 다행이다. 만약 적으로 만났다면 큰일 날 뻔했다."라고 한 말은 두고두고 회자할 정도로 유명한 일화가 됐다.

짜빈동 전투는 약 6개월 전 맹호부대가 벌였던 둑꼬 전투와 여러 면에서 비교되는 전투였다. 미군이 볼 때 다소 불안해 보였던 한국군의 중대전술기지에서 벌어진 전투라는 점은 같았다. 하지만 아군의 방심을 틈타 적이 기습한 둑꼬 전투와는 달리, 적의 공격을 예상하고 철저히 준비한 전투라는 점에서 차이가 있었다.

당시 해병 청룡부대가 주둔했던 지역은 다른 어느 지역보다도 베트콩의 세력이 활발했던 곳이었다. 짜빈동 중대전술기지는 베트남 중부 꽝응아이성 내륙의 요충지에 있었다. 호찌민 루트가 가로지르는 추라이Chu Lai 비행장과 인접한 전략적 거점으로, 적과 아군 모두 반드시 확보해야만 하는 곳이었다.

1967년에 접어들면서 북베트남 정규군의 증원으로 전력이 강화된 베트콩은 언제 어느 곳에서라도 해병부대를 기습할 수 있는 능력을 갖추고 있었다. 특히, '강철 연대'라는 별명과 함께 호찌민이 최고의 자랑거리로 여기는 월맹 정규군 2,400여 명이 가세해 기회를 엿보고 있었다.

이 시기 해병부대는 바짝 긴장했다. 한 달 전인 1월 10일, 11중대 주둔지에서 멀지 않은 짜빈박 마을에서 복귀하던 1대대 지휘부가 기습당해 막대한 피해를 보았기 때문이었다.

이에 따라 청룡부대 지휘부는 예하 부대에 경계 강화 지시를 내리고, 중대전술기지의 방호대책을 새롭게 보완하는 등 대비를 서둘렀다. 특히 요충지인 11중대 기지에 적이 기습할 가능성이 높다고 예상했다.

당시 짜빈동 기지 내에는 3개 소총 소대, 1개 화기 소대, 그리고 배속 부대로 1중대 1소대, 4.2인치 박격포 1개 소대, 81㎜ 박격포 1개 소대, 81㎜ 박격포 1개 반, 106㎜ 무반동총 1개 분대 등 2개 중대에 가까운 총 병력 294명이 적과의 싸움을 준비했다.

2월 14일 밤이 되자 먹구름이 몰려오고 세찬 바람이 불면서 분위기가 심상치 않았다. 그리고 오후 11시 20분경, 기지 북쪽 외곽에 배치된 3소대 지역에서 적이 설치한 파괴통이 폭발하면서 외곽 철조망 일부가 절단됐다. 적이 침투했다는 신호였다.

중대는 즉각 81㎜ 조명탄을 발사했다. 1개 소대 규모의 적이 숲속으로 도주하고 있는 모습이 보였다. 중대장 정경진 대위가 "사격!"을 외치자, 일제히 집중사격이 실시됐다. 적은 산발적으로 대응하면서

1975 사이공 대탈출

후다닥 숲속으로 사라졌다.

그러나 정경진 대위는 적이 반드시 2차 공격을 감행할 것으로 판단했다. 그래서 중대 전 병력의 절반을 전투배치하고 경계를 더욱 강화했다. 아울러 상급 부대의 화력지원 태세 등 전반적인 방어체계를 재점검하고 뜬눈으로 밤을 보냈다.

한참의 시간이 흘렀다. 적들이 공격을 포기한 듯 보였고, 기지 내의 긴장감도 점차 풀려가고 있었다. 그러나 다음 날 새벽 4시 10분경, 적들은 다시 전날 밤 교전을 벌였던 3소대 전방에서 은밀히 모습을 드러냈다.

곧 몰려올 북베트남 정규군을 보며 중대장인 정경진 대위는 어쩌면 마지막이 될지도 모르는 명령을 내렸다.

"첫째, 적이 유효 사정거리 내에 접근할 때까지 사격하지 말 것. 둘째, 해병대의 명예와 전통을 위해 최후의 일각까지 싸울 것. 셋째, 죽음으로써 진지를 사수할 것."

이어 조명탄을 쏘아 올리자, 중대 기지를 겹겹이 포위하고 있던 적은 기지를 향해 집중적인 포격을 가했다. 아군 중대도 지원 화력과 자체의 4.2인치 박격포 등으로 대응 사격을 가하며 포격전을 벌였다.

둑꼬 전투와 마찬가지로 이 전투에서도 포병의 활약이 두드러졌다. 11중대에 파견된 포병 관측장교 김세창 중위는 핵심 표적을 암기하고 있다가 무전으로 정확한 좌표를 불렀다. 첫발부터 아군의 포탄이 적의 박격포 진지에 명중했다.

북베트남 최고 정예병으로 이루어진 증강된 연대 규모의 적은 맹렬한 기세로 공격을 감행했다. 기지 북쪽 3소대 지역에 2개 대대, 남쪽 1소대 지역에 1개 대대 병력이 투입되어 기지 외곽 철조망을 절단한 후 아군 기지로 물밀듯이 몰려들었다. 북베트남군의 인해전술이었다.

이에 중대장은 적이 유효 사정거리에 접근하자 일제사격 명령을 내렸다. 중대원들은 M1 소총을 비롯해 M1918 브라우닝경기관총, M1919 브라우닝중기관총, 박격포, 무반동총 등 모든 화기를 동원해 화력을 쏟아부었다.

상급 부대인 해병여단과 주변의 미군 화력까지 총동원되자 기지 주변은 온통 불바다가 됐다. 그러나 적의 공격기세는 꺾이지 않았다. 성난 파도가 해안의 작은 모래성을 휩쓸어 버릴 것 같은 위기가 계속됐다.

아군 1소대 정면에는 어느새 적의 대전차포 진지가 구축되었고, 중대 벙커와 지휘소로 포탄이 쏟아졌다. 1소대장 신원배 소위는 직접 4명의 특공대를 조직해 비 오듯 쏟아지는 총탄 세례를 뚫고 적의 대전차포 진지로 접근했다. 이어 일제히 수류탄을 투척해 적의 진지를 폭파했다. 가까스로 한숨을 돌릴 수 있었다.

그러나 적 2개 대대 병력이 아군 3소대 지역을 집중 공략하자, 결국 기지 일부가 뚫리고 말았다. 당시 아군이 사용하던 M1 개런드 소총은 구식 반자동식이어서 8발을 발사할 때마다 매번 탄약 클립을 바꿔야 했다.

소대 병력이 한 발 한 발 조준사격을 하며 적을 사살해도 벌떼처럼 몰려드는 수백 명을 상대하기에는 역부족이었다. 반면 적은 AK 자동소총을 보유해 병력과 장비 등 모든 면에서 아군보다 유리했다. 절체절명의 위기가 계속됐다.

중대장 정경진 대위는 상황이 다급해지자 무전으로 "3소대 지역을 돌파한 적이 중대 본부로 향하고 있으니 지금 즉시 1·2소대에서 1개 분대씩 차출해 적을 저지하라."고 외쳤다.

기지를 돌파한 적 일부가 아군 중대 본부로 다가서는 순간, 요란한 폭음이 울려 퍼졌다. 중대장이 직접 통제하는 3.5인치 로켓포가 적군에게 발사된 것이었다. 한 번 발사 때마다 서너 명의 적들이 통째로 허공으로 치솟아 나동그라졌다.

적이 아군의 로켓포 공격으로 주춤한 사이, 1·2소대에서 차출된 지원 병력이 달려왔다. 아군 진지 내에서 적과 아군 간의 근접전투가 벌어졌다. 소총 사격은 물론 수류탄 투척과 육박전으로 사방이 피로 물들어 갔다.

해병 장병들의 용맹한 투혼에 적들은 점차 기세가 꺾였다. 날이 밝아오면서 전의를 상실한 적들은 하나둘 부상자를 부축하며 도주했다. 기지를 돌파한 적들은 오히려 독 안에 든 쥐 신세가 되어 무참하게 학살됐다. 그들에게 한국군의 중대전술기지는 지옥의 한복판이었다.

오전 7시 20분경, 3시간 넘게 사투를 벌였던 전투가 끝이 났다. 한국군 기지 외곽에서 상황을 살피던 일부 적들도 오전 8시가 되자 더 이상의 전투는 무의미하다고 판단해 전원 후퇴했다.

"적 사살 246명, 추정 사살 100여 명, 아군 전사자는 15명, 부상 33명."

생포된 적을 통해 밝혀진 바에 따르면, 북베트남 정규군 2,400명에 수백 명의 베트콩 등 총 3,000명 가까운 병력이 동원됐고, 이에 맞선 아군 294명이 싸워 거둔 전과가 이렇다는 것이었다.

이 전투 소식으로 미국인들은 베트남 전장에서 한국군 294명이 2,400명 이상의 적군을 상대로 10 대 1의 병력 차이를 극복하고 대승을 거뒀다는 전투 결과에 믿을 수 없다는 듯 의아해 하며 놀랐다.

가장 놀란 사람은 그날 아침 짜빈동 현장으로 헬기를 타고 날아가 전투 현장을 목격한 미 제3해병 원정군 사령관 웰트 중장이었다. 그는 호주, 뉴질랜드, 태국, 필리핀군이 베트남전에 동맹군으로 참전했지만, '남의 나라 전쟁'이라며 적극적이지 않음을 잘 알고 있었다.

그런데 한국군은 달랐다. 말도 안 되는 병력의 열세에도 불구하고, 적군에게 괴멸당할 줄 알았던 짜빈동 전투에서 대승을 거뒀다는 상황 보고에 눈으로 확인하지 않고서는 도저히 믿을 수가 없었다.

그리고 눈 앞에 펼쳐진 광경을 보고 그는 혀를 내둘렀다. 웰트 중장은 해병 청룡 11중대장 정경진 대위와 장병들에게 경의를 표했다. 동행한 종군 기자단은 연신 카메라를 누르며 이 믿지 못할 광경과 전과를 미 본국으로 급히 송신했다.

베트남의 키우 대통령과 키 수상까지 청룡부대 본부로 날아와 기적과 같은 전과를 브리핑받고 연신 "브라보"를 외쳤다. 짜빈동 전투의 영웅인 11중대 장병 전원은 1967년 3월 1일부로 베트남전 사상 전례가 없는 전원 1계급 특진했다.

창군 이래 처음으로 중대급 부대에서 하룻밤의 전투로 두 명에게 태극무공훈장이 수여됐다. 중대장 정경진 대위와 1소대장 신원배 소위가 그 주인공이었다. 중대원 전원에게도 전공에 맞게 각종 훈장이 수여됐다.

짜빈동 전투가 끝난 직후, 주월 미군 사령부는 한국군이 그토록 원했던 M-16 자동소총을 신속히 지급했다. 또한, 한국군의 중대전술기지에 의구심을 품고 있던 미군 사령부는 이를 미군의 현실에 맞게 도입하는 한편 전술적 운용 확대를 위한 연구개발에 착수했다.

그렇게 해서 탄생한 것이 훗날 이라크전과 아프가니스탄전에서 미군이 구축한 화력 거점기지Fire Base였다. 세계 최강국인 미군의 기지전술 교리를 바꾸게 한 것이 바로 베트남전에서 한국군이 최초로 고안해 짜빈동 전투와 둑꼬 전투 등 실전에서 검증한 중대전술기지였다.

전쟁의 분수령 된 구정 공세

전투에서의 승리가 반드시 전쟁의 승리로 이어지는 않는다. 전쟁사를 보면 전투에서는 이겼지만 아이러니하게도 전쟁에서 패하는 경우가 종종 있다. 그 대표적인 사례가 1968년 초 남베트남 일대에서 벌어진 베트콩의 구정설날 공세다.

베트남전쟁의 운명을 결정지은 구정 공세는 현지 명절의 이름을 빌려 흔히 '뗏Tet 공세'라고도 부른다. 구정은 음력을 사용하는 아시아권 나라에서는 큰 명절이다. 베트남도 이때만큼은 남·북 베트남 모두 전투를 중지하고 휴식을 취하는 것이 관례화되어 있었다.

이 기간에는 베트남 내 모든 군대가 예외 없이 연휴를 즐겼고, 귀성길 인파와 차량은 인산인해를 이루었다. 베트콩은 이를 이용해 대규모 기습공격을 계획했다.

당시 남베트남 민족해방전선의 무장 게릴라 단체인 베트콩은 전세 역전이 절실한 상황이었다. 50만에 달하는 미군과 군단급약 5만여 명으로 증강된 한국군 전투부대의 활약으로 전세는 날로 기울고 있었다.

남베트남 공산주의자가 주축이 된 베트콩 지휘부는 자칫 북베트남에 조직이 종속될 것을 우려했다. 자신들의 주도로 남베트남에 공산정권을 세우기 위해서는 반드시 전황을 반전시켜야 했다. 베트콩이 구정을 이용해 총공세를 펼쳤던 이유였다.

남베트남의 주요 도시와 시설을 모두 공격하는 이 작전에 베트콩 35개 대대에 달하는 병력이 투입되었다. 이들은 모두 변장한 채 각종 무기를 관 속에 넣어서 들여오는 등 치밀하게 준비했다.

미군은 베트콩의 대규모 공세 계획을 전혀 눈치채지 못했다. 미군 총사령관인 웨스트모어랜드 대장은 전황이 아군에게 유리하다고 판단한 탓에 방심했다. 반면 화전 양면 전술을 구사하며 기습 남침을 감행했던 북한으로 인해 6·25전쟁을 겪었던 한국군 지휘부는, 북베트남의 휴전 제안을 신뢰하지 않았다. 이에 따라 한국군은 철저한 경계 태세를 갖추고 있었다.

1968년 1월 30일, 새벽의 폭죽놀이를 신호로 베트남 전역에서 베트콩들의 공세가 시작되었다. 수도 사이공 등지의 주요 기관 시설이 베트콩의 공격 목표가 되었다. 미국대사관마저 베트콩들이 RPG 로켓포로 외벽을 부순 뒤 침입해 한동안 점령되기도 했다.

베트콩은 주요 도시와 남베트남군, 미군, 한국군의 기지 등에 총공세를 펼쳤다. 도시 외곽의 정글과 농촌 등지에서 게릴라전을 펼치던 베트콩들은 과감하게 도시를 공격하며 자신들의 존재감을 드러냈다.

특히, 남베트남군이 관리하고 소수의 미 군사고문단미 해병대이 주둔했던 중부 지역의 '후에Hue 시'는 삽시간에 함락되어 민간인 수천 명이 학살당하는 등 지옥의 전장이 되었다.

구정 공세 초기에는 베트콩의 기습이 성공하는 듯싶었다. 그러나 약속된 북베트남군의 지원은 이어지지 않았다. 더욱이 베트콩들은 자신들이 도시에서 전투를 벌이면 내부에서 베트남 공산당을 지지하는 봉기가 일어날 것이라 예상했지만 그렇지 않았다.

전투가 벌어지자, 누구든 무차별적으로 사살하는 베트콩의 잔학성에 남베트남 국민은 동조하지 않았다. 비록 정부의 부패에 분노하는 이들은 많았지만, 그렇다고 공산주의 이념까지 지지하지는 않았기에 대규모 봉기가 발생하지 않았다.

베트콩의 공세는 2~3일 만에 대부분 미군에게 진압되었다. 다만 수도 사이공은 2주, 후에 시에서는 한 달 가까이 베트콩의 게릴라전에 의한 시가전이 벌어졌다.

남베트남 전역에서 혼란과 사회 불안이 한동안 계속되었다. 하지만 그만큼 베트콩도 노출되어 급속히 와해되었다. 베트콩은 본래 소부대를 중심으로 농촌지역에서 싸우는 게릴라 조직이었다. 하지만 대규모로 조직을 재편해 모습을 드러낸 베트콩은 공격이 실패로 끝나자, 도주나 은폐가 어려워졌다. 미군이 강력한 화력으로 반격하자 베트콩은 속수무책으로 밀려났다.

구정 공세는 베트콩이 남베트남에서 대규모 공격을 감행하면, 동시에 북베트남도 군대를 동원하도록 계획되어 있었다. 하지만 북베트남군은 적극적으로 나서지 않았다. 결국 베트콩이 대대적으로 준비한 작전은 실패할 수밖에 없었다.

당시 베트콩 조직의 피해는 매우 심각했다. 훗날 공개된 북베트남군 내부 문서에 따르면 향후 수년간 베트콩은 독립적인 작전 수행이 불가능하다고 평가했을 정도였다. 실제로 이후 베트콩 조직의 지휘부는 남베트남 출신이 아니라 북쪽에서 파견된 이들로 바뀌며 주도권이 북베트남군으로 넘어갔다.

구정 공세는 전술적으로 볼 때 명백히 베트콩의 패배로 끝난 전투였다. 미군과 남베트남군은 전사자 5,000여 명을 포함해 약 2만여 명의 사상자를 냈다. 반면 베트콩은 약 2만 명이 전사하고 병력의 절반에 이르는 4만 5,000여 명의 사상자가 발생해 사실상 조직이 괴멸되었다.

베트콩의 구정 공세가 실패했다고 판단한 북베트남 정부는 이제 외교적 효과에 기대할 수밖에 없었다. 그런데, 이때 누구도 예상치 못한 엄청난 반전이 일어났다.

전략적으로 승리한 구정 공세

구정 공세가 끝나자, 남베트남의 티우 대통령과 미국의 로버트 맥나마라Robert McNamara 국방부 장관은 결과에 매우 만족했다.

남베트남은 베트콩이 남베트남 국민에게 호응받지 못하고 패퇴한 것에, 미군은 베트콩이 한동안 재기가 어려울 만큼 완벽하게 군사적 패배를 당한 것에 큰 의미를 두었다. 베트남의 미군 총사령관은 전투 병력이 조금만 더 투입되면 전쟁에서 완전한 승리를 거둘 수 있다고 자신했다.

그러나 상황은 전혀 뜻밖의 방향으로 흘러갔다. 베트콩의 구정 공세는 미국 본토의 정치인들을 패닉 상태로 만들었다. 미국 지도부는 처음으로 베트남전쟁에서 미국이 질 수도 있다고 생각하게 되었다.

미국 정치인들은 구정 공세가 있기 전까지 미군이 연전연승을 거두고 있으며, 베트남전쟁이 곧 승리로 끝날 것이라고 보고 받아왔다.

그런데, 축제와도 같은 연휴 기간 중 베트콩이 남베트남 수도 사이공의 미국대사관을 습격해 미 해병대 경비 병력을 사살하고 한동안 점령하자 엄청난 충격을 받았다.

당시 미국 정부는 전투가 거의 막바지에 이르렀고 곧 승리할 것이라고 국민을 안심시키고 있었다. 그런데 정부의 말이 거짓이 되는 상황이 벌어진 것이었다. 베트콩이 사이공에서 미군을 기습하는 장면이 텔레비전을 통해 미국 전역에 생생히 방송되면서 미국 내의 반전 여론에 불을 지폈다. 이제 미국인들은 자신들의 정부를 믿을 수 없게 되었다.

베트콩의 미국대사관 습격은 미국 방송 역사상 최고의 특종이 되었다. 반면 베트콩의 공세를 성공적으로 저지했다는 미군의 전술적 성과는 미국 매스컴의 관심을 전혀 받지 못했다. 이어서 후에 시 재탈환 과정에서 발생한 민간인 피해, 문화재 파손, 베트콩 색출 과정에서의 불미스러운 사건 등이 대대적으로 보도되었다. 미국의 여론은 기름에 불붙은 듯 연일 최악의 상황으로 흘러갔다.

미국인들에게 지구 반대편에서 펼쳐지고 있는 베트남전쟁은 그 끝을 알 수 없는 공포처럼 다가왔다. 정치인들이 공약했던 베트남전의 승리에 대해 의문을 가지게 되었다. 나아가 '베트남전이 과연 정당한가?'라는 근본적인 질문들이 쏟아졌다.

구정 공세 이후 "정부의 말은 거짓말이었다!"라는 반전주의자들의 외침은 거대한 반전 운동으로 이어졌다. 미국 정치권은 베트남전에서 발을 빼야 하는 상황으로 내몰리게 되었다.

미국의 존슨 대통령은 1968년 4월 15일 북베트남 지도자 호찌민에게 협상을 요청했다. 구정 공세가 벌어진 지 두 달 보름 만에 이루어진 역사적인 날이었다. 이는 북베트남을 공식적인 대화의 상대로 인정한 것이었다. 적과 대화하겠다는 것은 전쟁이 불리하다는 것을 의미했다.

존슨 대통령은 이어 1968년 11월에 열리는 대통령 선거에 출마하지 않겠다고 선언했다. 이제 미국인들의 선택은 너무도 명확했다. 다음 대통령은 전쟁을 빨리 끝낼 사람이어야 했다.

결국, 미국인들은 선거에서 전쟁 지속과 남베트남의 유지를 주장하는 민주당을 외면하고, 전쟁 종결과 베트남 문제 개입 중단을 주장하는 공화당의 손을 들어 줬다.

훗날 구정 공세에 대한 평가는 '베트콩이 전술적으로는 패배했지만, 전략에서는 승리했다'라는 말로 요약된다. 좀 더 정확하게 말하면 베트콩은 전술적으로 패배했고, 전략적 승자는 북베트남이었다. 반면 미국은 전술에서는 이겼지만, 전략에서는 패배했다.

닉슨 대통령의 철군 정책

1968년 11월, 미국 국민은 공화당의 리처드 닉슨Richard Nixon을 새 대통령으로 뽑았다. 전쟁에 지친 미국인들의 선택이었다.

닉슨은 본래 보수적인 반공주의자였다. 그런 그가 베트남에서 미군을 철수시키겠다는 공약을 내세워 대통령에 당선된 것은 아이러니였다. 선거에서 전쟁을 끝내겠다고 한 공약은 그의 철학이 아니었다. 다만 그는 냉혹한 현실을 중시한 정치인이었다.

대통령에 당선된 후 닉슨은 미국의 재정 상태가 거의 파탄에 이를 만큼 엉망이라는 것을 알고 기겁했다. 그가 취임하던 1969년, 미국의 인플레이션은 한국전쟁 이래 가장 높은 수준이었다. 이전 존슨 행정부에서 과도하게 돈을 찍어낸 탓으로, 그 주범은 베트남전에 투입된 막대한 국방비였다.

미국의 재정문제는 1950년대 한국전쟁 직후보다 더 심각했다. 미국은 베트남에 더 큰 규모의 재정 지원을 했다. 닉슨은 정부 지출을 줄여 통화 팽창을 막고 인플레이션을 잡아야만 했다. 방법은 오직 하나, 전쟁을 끝내는 것이었다.

닉슨은 1969년 7월 25일 괌에서 새로운 대아시아 외교정책을 발표했다. 일명 닉슨 독트린Nixon Doctrine이었다. 그 핵심 내용은 미국은 앞으로 베트남전쟁과 같은 군사적 개입을 피할 것이며, 아시아 각국이 자국 문제를 스스로 해결해야 한다는 것이었다.

한마디로 닉슨 독트린은 냉전 시기 세계의 경찰 역할을 해왔던 미국이 베트남전에서 발을 빼겠다는 선언과 다름없었다. 미국의 국무장관인 키신저는 이를 '명예로운 철수'라고 불렀다.

그러나 닉슨은 베트남에서의 미군 철수 과정이 패배로 비추어지는 것을 원하지 않았다. 이를 위해 화전 양면 정책을 선택했다. 평화 협상을 제안하면서도, 다른 한편에서는 더 강한 공격을 통해 상대를 굴복시키는 것이었다. 강력한 공격이 평화 협상을 더 유리하게 이끌 수 있다고 믿었다.

닉슨 대통령은 전임 존슨 대통령이 단행한 북베트남에 대한 폭격 중지 조치를 취소했다. 이어 대규모 폭격이 재개되었고 전쟁을 끝내기 위해 오히려 확전을 지시했다. 닉슨은 심지어 북베트남뿐만 아니라 국경을 맞대고 있는 캄보디아와 라오스까지도 공세를 확대했다.

이러한 모순적인 닉슨의 화전 양면 정책은 곧 언론에 의해 폭로되었다. '종전'이 아니라 '확전'이라는 사실이 알려지자, 미국 역사상 최대 규모의 학생 시위가 벌어졌다. 미국 곳곳에서 동시 파업도 감행되었다. 1970년에 들어서서는 200개가 넘는 도시에서 200만 명이 넘는 사람들이 반전 시위를 벌였다.

닉슨은 자신의 정책을 끝까지 밀어붙였다. 폭력적인 군사 압박이 평화 협상에서 유리하게 작용할 것이라는 오판은 닉슨 행정부 초기부터 1973년 초까지 4년간 계속되었다. 1972년 재선에 성공한 닉슨은 마침내 1973년 1월, 미군을 전면 철수하겠다는 평화협정을 체결했다.

닉슨의 철군 정책이 시행된 4년 동안 미군은 1만 8,000여 명이, 남베트남군은 10만여 명이, 그리고 북베트남군은 50만여 명이 사망했다. 미군 다음으로 많은 병력을 파병한 한국군 역시, 8년간의 베트남 파병 기간 중 이때 가장 많이 전사했다.

1973년 평화협정이 맺어지고, 모든 외국 군대가 베트남에서 철수했다. 미군이 가장 먼저 빠져나갔다. 한국군은 한때 미군보다 더 많은 병력이 베트남에 주둔하면서 자유 수호라는 명분 아래 마지막까지 피를 흘렸다.

미군의 베트남 철수

1969년 7월 25일, 베트남에서 철군하겠다는 닉슨 독트린이 발표되자 베트남에 파병한 국가들은 큰 충격을 받았다. 미국의 요청으로 베트남에 파병했지만, 철수와 관련해서는 파병 동맹국들에 어떠한 사전 협의도 없이 일방적으로 선포했기 때문이었다.

닉슨 독트린은 베트남전쟁으로 인해 파탄이 난 경제를 살리기 위한 미국 정부의 불가피한 선택이었다. 하지만 미군 다음으로 많은 5만 명의 병력을 파병한 한국이 받은 충격은 엄청났다. 미 공군과 포병의 화력지원은 물론 군수물자 지원까지 차질이 생긴다면 한국군의 피해가 급증할 것은 불 보듯 뻔한 일이었다.

닉슨 행정부는 베트남에서 미군이 철수하더라도 한국군은 남아주길 원했다. 한국 정부가 이런저런 사정으로 철군 결정을 미루는 사이, 미군은 계획대로 철수를 진행했다.

미국은 1969년 7월부터 병력을 철수하기 시작했다. 한국을 제외한 나머지 참전국들도 미군과 보조를 맞추어 철수했다. 이에 따라 베트남 주둔 미군 병력은 정점인 1968년 54만 8,000명에서 1969년 48만 명, 1970년 34만 명, 1971년 15만 6,000명, 1972년에는 2만 9,000명으로 대폭 줄었다.

반면 한국군은 1969년 5만 명에서 1970년 4만 8,500명, 1971년 4만 5,700명, 1972년 3만 7,500명 등 큰 변화 없이 병력을 유지했다. 1972년 당시만 놓고 보면, 베트남전에 참가한 남베트남의 우방국 중 주력은 미군이 아니라 한국군이었다 해도 과언이 아니었다.

미군이 이처럼 과감하게 철수에 나서면서 전투력의 공백은 심각해졌다. 이를 메우기 위해 남베트남군은 미군의 전폭적인 지원을 받으며 병력을 급격히 늘렸다. 그 결과 1970년에는 병력이 1백만 명을 넘어섰다.

남베트남군은 규모와 장비의 질적 수준으로 볼 때 선진국 군대에 못지않았다. 하지만 싸워 이기겠다는 강인한 정신력과 훈련은 여전히 부족했다. 닉슨의 정책에 따라 전선을 확대하여 공세를 펼치며 철군에 나선 미군이 볼 때 믿을 만한 군대는 오직 한국군뿐이었다.

이 시기 한국군 내부에도 큰 변화가 생겼다. 1969년 5월, 주월 한국군 사령관이 채명신 중장에서 이세호 중장으로 전격 교체됐다. 신임 한국군 사령관은 "지금까지 한국군이 전투에서 과감하지 못한 측면이 있었다."라며 "앞으로 적의 집결지나 은거지를 과감하게 선제공격해 전술 책임지역을 100% 평정하겠다."라고 각오를 밝혔다.

전임 사령관과 신임 사령관의 전술 개념은 완전히 달랐다. 채명신 장군은 "최소한의 희생으로 최대한의 전과를 얻는다."는 원칙을 고수하며 장병들의 피해를 줄이는 것에 방점을 뒀다. 반면 이세호 장군은 "전투를 위해서는 사소한 희생이 있더라도 과감해야 한다."라며 공세적인 작전을 선호했다.

닉슨 독트린으로 미군이 철수에 나서기 시작한 1969년 후반기 이후 베트남의 전장 환경은 갈수록 악화되었다. 초창기 베트남 파병을 원했던 한국군 장병들도 베트남에 가는 것을 점차 꺼렸다. 당연히 파병 장병들의 사기도 떨어졌다.

미군을 비롯한 동맹국 군대가 철수를 시작했지만, 한국 정부의 철수 정책은 여전히 불투명했다. 부하들과의 소통을 중시했던 채명신 사령관과 달리 이세호 사령관의 호전적인 스타일은 혼선을 빚으며 좋은 평가를 받지 못했다. 시간이 흐르면서 한국군 일부 부대도 하나둘 철수 길에 올랐다.

이러한 상황에서 최악의 전투가 벌어졌다. 과거 한국군의 명성과는 전혀 어울리지 않은 이 전투는 어쩌면 예고된 비극이었을지도 몰랐다.

철군의 비극, 안케패스 전투

안케패스An Khe Pass 전투는 1972년 4월 11일부터 4월 26일까지 안케 고개 및 638고지 일대에서 맹호부대 기갑연대가 치른 전투를 말한다.

파병 한국군이 치른 전투 중 가장 치열했던 이 전투는 한국군이 승리해 전과를 거두었다는 것이 당시 한국군 사령부의 공식 주장이다. 그러나 실제로는 베트남전쟁 중 한국군에서 가장 많은 사상자가 나온 치욕적인 판정패를 당한 전투라는 것이 오늘날 전사가들의 대체적인 평가다.

안케패스란 베트남 빈딘 성Binh Dinh 省의 성도 퀴논에서 캄보디아 국경지대까지 관통하는 19번 국도 중간지점에 있는 고갯마루를 일컫는다. 당시 19번 도로는 내륙에 있는 남베트남 2군단의 주 보급로로, 반드시 확보해야 할 생명줄과도 같은 전략적 요충지였다.

안케패스는 원래 미 1기갑사단의 예하 부대가 통제하고 있었다. 그러나 미군이 1970년 7월에 철수함에 따라 맹호 기갑연대 1대대 1중대가 그 자리를 인수해 지키고 있었다. 이 일대는 안케 고개 정상인 638고지를 비롯해 533고지, 240고지 등 높고 낮은 고지군을 형성하고 있었다.

맹호 기갑연대 1중대는 638고지 북쪽 하단의 600고지에 중대 전술기지를 구축하고 '소도산기지'로 명명했다. 638고지에는 한때

1개 소대를 파견했다가 1971년 8월에 철수시켰다. 또한, 북베트남군이 공세를 시작한 1972년 3월 말에는 1개월 이상 수색 정찰도 하지 않았다.

이 시기 미국은 평화 협상에 매달리면서 미군 대부분을 철수시킨 상태여서 북베트남군과 베트콩은 사기가 높았다. 반면, 사실상 한국군이 주력으로 남아 있던 연합군은 여러 가지 면에서 위축되어 있었다.

1972년 3월 말, 평화 협상과 철군으로 어수선한 분위기 속에서 북베트남군과 베트콩은 대규모 공세를 감행했다. 일명 춘계 대공세였다. 이때 북베트남군 3사단 12연대가 안케 고개 남쪽의 638고지를 점령했다. 그리고 주둔하던 한국군 소대가 철수한 고지 일대에서 보강공사를 벌여 강력한 진지를 구축했다.

1972년 4월 11일 새벽 4시경, 맹호 기갑연대 1중대 기지에서 한 발의 조명지뢰가 터지면서 안케패스 전투의 막이 올랐다. 아군 기지를 기습한 적은 곧 발각되어 교전 끝에 도주했으나, 기지 외곽의 19번 도로안케 도로를 차단하는 데 성공했다.

보고를 받은 맹호 기갑연대는 적의 소속북베트남군 또는 베트콩이나 규모, 그리고 목적 등에 대해 전혀 파악하지 못한 상태였다. 연대는 4월 12일 아침, 수색 중대를 투입하여 도로 정찰을 시작했다. 그러나 수색 중대는 적의 기습으로 2명의 소대장을 포함 7명이 전사하고 중대장 등 다수의 부상자가 발생하는 피해를 보았다.

맹호 기갑연대 지휘부는 예상치 못한 상황에 당황했다. 적의 규모가 어느 정도인지, 어디에 근거지가 있는지조차 알 수 없는 상황이었다. 연대는 적의 근거지로 예상되는 638고지를 공격하도록 지시했다. 그러나 뜻밖에도 638고지에는 적이 강력한 진지를 구축한 상태였고, 아군의 피해는 눈덩이처럼 불어났다.

당시 안케패스 전투는 638고지 전투, 무명고지 전투, 19번 도로 개통 작전 등 총 세 곳에서 전투가 동시에 일어났다. 적은 춘계 대공세 기간 중 남베트남군 2군단에 대해 보급로를 차단하고, 북베트남군의 공세 여건을 보장하기 위해 동시에 작전을 감행했다.

북베트남군은 사전에 638고지를 점령한 인원을 포함하여 그 일대에 연대급 제대를 투입했다. 안케패스 전투는 638고지라는 한정된 위치에서 벌어진 단순한 교전이 아니라, 7.5㎞에 달하는 19번 도로 축선을 끼고 진행된 대규모 작전이었다.

안케패스 작전에 참여한 맹호 기갑연대의 16개 중대 중에서 7개 중대가 638고지에서 치열한 전투를 벌였다. 적 사살, 노획 화기, 그리고 아군 피해의 절반 이상이 638고지에서 나왔다.

638고지 전투는 4월 24일 새벽, 기갑연대의 가용 화력이 총동원되면서 끝이 났다. 이날 새벽 4시부터 2시간 동안 1,300발의 포탄이 집중적으로 발사되었고, 동시에 5개 중대가 일제히 공격을 개시했다. 고지 서쪽에서 공격을 감행한 4중대 3소대가 정상에 올랐을 때는 이미 적군은 철수한 상태였다. 고지 정상의 진지에는 적군의 시신 4구만이 뒹굴고 있었다.

연대는 638고지를 탈환한 후 19번 도로 개통을 위한 작전을 계속 진행했다. 그 결과 4월 26일 오후부터 19번 도로가 정상화되었고, 16일간 진행된 안케패스 전투는 공식적으로 종료되었다.

이 전투에서 맹호부대는 74명의 전사자와 104명의 부상자를 기록했다. 훗날 참전 장병들 상당수는 실제로는 최소 두 배 이상인 150명이 넘게 전사했다고 주장하기도 했다. 반면 적은 705명이 사살됐다고 보고됐으나 대부분 포격에 의한 포살砲殺로 추정될 뿐, 보병과의 직접 교전에서 사살된 적은 극소수였다.

전투가 끝난 후 사단장은 638고지에 가장 먼저 진입한 4중대 3소대장 이무표 중위에게 태극무공훈장을 수여하도록 건의했다. 수많은 희생이 따랐던 만큼 공적에 따라 많은 장병이 각종 훈장을 받았다.

안케패스 전투는 베트콩의 구정 공세 이후 북베트남군이 대규모로 감행한 춘계 대공세에서 유일하게 선전한 전투로 평가된다. 그러나 철군을 앞둔 한국군이 안고 있던 많은 문제점을 그대로 드러낸 전투이기도 했다.

당시 한국군은 미군이 철수하면서 상당한 지역을 넘겨받아 전선이 확대되어 있었다. 기존 미군의 화력과 각종 물자 지원이 끊기고, 오직 제한된 항공 지원만 받을 수 있게 되면서 작전에 어려움이 많았다. 해병대 청룡부대마저 1971년에 철수하자 일선 장병들의 사기는 급격히 떨어지고, 전선 분위기는 뒤숭숭했다.

이러한 악조건 속에서도 주월 한국군 사령관은 오히려 적극적인 공세작전을 계속 주문했다. 그러나 일선의 말단 부대 장병들은 상급 부대의 명령에 따르는 척 시늉만 할 뿐 소극적으로 임했다.

사단은 수개월 전부터 638고지에 대해 경계를 철저히 하라고 지시했다. 이곳은 한국군 1개 소대가 주둔했다가 철수한 후 방치된 상태였다. 하지만 중대는 수색 정찰 결과 이상이 없다고 거짓 보고로 일관했다. 1중대가 638고지를 단 한 번이라도 제대로 수색 정찰했다면 대형 참사를 막을 수도 있었다.

무리한 축차 공세도 한국군의 피해를 키웠다. 그 일대에서 가장 높은 638고지를 적에게 쉽게 내준 것은 적에게 날개를 달아준 격이 됐다. 아군의 전술기지가 적의 공세를 무력화시키는 일등 공신이었듯이 반대로 적의 손에 넘어간 638고지는 아군의 공격에도 끄떡없는 천혜의 요새가 되었다.

연대는 보병 위주의 축차 공격으로 피해를 키우기보다는 처음부터 미군의 항공 폭격을 지원받거나 사단 포병을 적극적으로 요청해야 했다. 하지만 연대 지휘부는 적을 지나치게 과소평가한 채 무모한 보병 공격을 반복하다가 엄청난 피해를 보고 말았다.

반면, 연대급 규모의 북베트남군은 사전에 철저히 준비하여 638고지를 점령하고 19번 도로를 차단하는 등 자체 화력과 전투력만으로 미군 폭격기까지 동원된 한국군과 싸웠다. 적들은 16일 동안 안케 지역 일대에서 선전을 벌이다 질서 있게 퇴각함으로써 사실상 판정승을 거뒀다.

1972년 한 해 동안 발생한 한국군 전사자는 448명(순직 등을 포함한 전체 사망자는 513명)이었다. 그런데 안케패스 전투에서만 그 해 전사자의 약 16%에 해당하는 인원이 목숨을 잃었다. 철군을 앞둔 한국군의 비극이었다.

파리평화협정과 철군

1973년 1월 27일, 마침내 파리평화협정Paris Peace Accords이 체결되었다. 프랑스 파리에서 열린 이 협정은 북베트남, 남베트남, 미국 사이에 조인된 베트남전쟁 종결을 약속한 협정이었다. 평화협정 이후 주월 미군과 주월 한국군을 비롯해 남베트남에 주둔한 외국의 모든 군대가 철수했다.

미국은 1969년 '닉슨 독트린' 발표 이후 베트남에서 점차 철군 길에 나서면서 북베트남과 여러 차례 회담을 진행했다. 하지만 그 과정은 결코 순탄하지 못했다. 북베트남과 남베트남의 입장은 너무나도 달랐다. 한국 정부가 미국의 철군 정책과 달리 쉽게 철군에 나서지 못했던 이유 중 하나도 회담이 지지부진했기 때문이었다.

미국 대통령 특별 보좌관이었던 헨리 키신저가 적극적으로 중재에 나섰다. 결국 미국은 베트남에서 발을 빼야 하는 상황에서 북베트남의 요구를 대거 수용했고, 이후 남베트남은 패망의 길을 걷게 되었다. 평화협정 조인에 대한 공적으로 키신저는 노벨평화상을 받았다.

평화협정은 1월 28일 오전 8시베트남 시각부로 발효되었다. 평화협정이 발효됨에 따라 미국의 개입으로 10년 가까이 지속되었던 제2차 베트남전쟁이 마침내 막을 내렸다.

'공산주의 팽창을 저지하며, 우방국인 남베트남을 돕는다.'는 명분으로 파병되었던 미국과 한국군을 비롯한 연합군은 1973년 3월 26일까지 완전히 철수했다. 이는 평화협정에서 정한 '발효 후 60일 이내에 철수를 완료한다.'는 조항에 따른 것이었다.

한국군은 1971년 12월 1일부터 1단계 철수작전에 돌입했다. 청룡부대인 해병 2여단을 주력으로 해군수송전대백구부대 일부와 지원부대 일부 병력 등 1만 명 규모의 7개 제대가 단계별로 1972년 4월 13일까지 철수를 완료했다.

그러나 2단계 철수는 한국, 미국, 남베트남 정부 간 입장 차이로 인해 무기한 연기되었다. 미국과 남베트남은 한국군이 좀 더 오래 남베트남에 주둔하길 원했다. 미국이 최소한의 의지를 관철하며 평화협상을 매듭지을 수 있었던 것도 한국군의 활약과 뒷받침이 있어서였다. 바꿔 말하면 한국군 파병 장병들의 희생 덕분이었다.

한국군은 파리평화협정이 체결되기 직전까지도 베트남 전장에서 싸웠다. 9사단 29연대 1대대장 류재문 중령은 1973년 1월 28일 아침, 담당 지역인 뚜이호아Tuy Hoa 지역에서 정찰 작전을 지휘하던 중 베트콩의 기습사격을 받고 전사했다. 대대장을 포함해 6명이 사망했다. 오전 8시부로 모든 전투가 중지되는 평화협정이 발효되기 불과 1시간 전의 일이었다.

파리평화협정에 따라 한국군은 각각의 주둔지에서 연대 단위로 집결한 다음 병력은 항공기로, 장비는 선박을 이용해 철수했다. 1973년 1월 30일 선발대 125명이 항공기를 이용해 철수를 시작했다. 이어 11개 제대로 편성된 본대는 2월 3일부터 3월 13일까지 항공기를 이용해 모두 귀국했다.

파병이 한국 정치에 끼친 영향

베트남전쟁 파병은 한국의 정치·외교에 적지 않은 영향을 끼쳤다. 1960년대 초 한국은 4·19혁명과 5·16군사정변 등으로 인해 정치 상황이 불안했다. 미국은 군사정부의 정통성을 문제 삼아 한국 정부를 불신했고, 국제사회에서 한국은 여전히 후진국의 전형이라는 이미지를 벗어나지 못했다.

군사정변 이후 선거를 통해 정권을 잡은 박정희 대통령은 강력한 반공정책과 함께 베트남 파병을 적극적으로 추진했다. 이는 미국을 비롯한 자유 우방국으로부터 신뢰와 지지를 얻는 효과적인 방안이 되었다.

한국은 베트남 파병에 따른 미국의 안보 지원을 바탕으로 강력한 정치적 기반을 다질 수 있었다. 베트남 파병을 계기로 그동안 미국의 주도하에 일방적으로 끌려가던 한·미 관계는 획기적인 변화를 맞았다.

1964년, 의료지원단을 시작으로 처음 파병될 당시만 해도 한국은 파병을 간청하는 위치였다. 하지만 베트남전쟁이 확대되면서 점차 입장이 뒤바뀌었다. 한국군 전투부대의 파병과 추가 파병이 절실했던 미국은 적극적인 협력을 요청하게 되었다. 이를 계기로 한국은 정치적 안정을 도모하면서 불안했던 안보태세를 확고히 구축할 수 있었다.

무엇보다 6·25전쟁 이후 1953년 10월 체결된 한미상호방위조약이 실질적인 의미를 갖게 되었다. 유명무실했던 과거와 달리 동등한 관계가 되어 강력해진 한·미 동맹의 힘을 대내외에 널리 알릴 수 있었던 것은 순전히 파병의 효과였다.

1966년 2월, 한국군의 베트남 전투부대 증파를 위해 방한한 미국의 험프리 부통령은 "미국의 힘은 한국의 힘을 합친 것이고, 한국의 힘은 미국의 힘을 합친 것"이라며 미국의 한국에 대한 안보 공약과 확고한 동맹관계를 강조했다.

한국은 파병의 대가로, 미국으로부터 확실한 안보 공약을 확보했을 뿐만 아니라, 주한 미군의 계속된 주둔을 보장받으며 군사 및 경제 원조 지원을 확충해 나갔다. 이에 따라 한·미 관계는 미국이 일방적으로 주도하는 관계에서 상호 이익을 전제로 하는 협상의 관계로 발전했다.

또한 한국군의 전·평시 작전권이 유엔군 사령부에 위임되어 있었던 상황에서 베트남에 파병된 한국군이 독자적인 작전권을 행사할수 있었던 것도 획기적인 일이었다. 파병된 한국군은 독자적인 작전을 통해 효과적으로 전투를 벌이며 큰 성과를 거두었고, 이를 통해국제사회에 한국군의 위상을 크게 높일 수 있었다.

한국군이 베트남전쟁에서 맹활약하면서 미국의 평가는 찬사로 바뀌었다. 과거 6·25전쟁 당시 약소국 군대로 인식됐던 한국군이 빼어난 전투력으로 미군 못지않은 전과를 올리자, 미국은 "한·미 동맹이야말로 지구상에서 가장 강력한 동맹"이라며 한국군을 든든한 벗으로 반겼다.

한국군의 파병은 미국의 정책에도 영향을 미쳤다. 미국은 베트남전쟁의 장기화로 재정이 바닥나자, 주한 미군 철수를 고려하기 시작했다. 1966년 맥나마라 미 국방장관은 예산상의 이유로 주한 미군 감축을 제안했다. 1967년 부임한 주한 미국대사 포터 역시 주한 미군 철수를 원했다. 그러나 미국의 존슨 대통령은 베트남에서의 한국군 역할을 고려해 결국 미군 감축을 시행하지 않았다.

한국이 1948년 정부 수립 이후 1950년까지 외교관계를 수립한 국가는 6개국에 불과했다. 한국전쟁이 끝나고 십수 년이 지난 1960년대까지도 16개국 정도만이 외교관계를 유지하였다. 세계 최빈국 중하나였던 한국이 처한 어쩔 수 없는 외교 현실이었다.

그러나 한국의 외교력은 자유 우방국인 베트남에 파병하면서부터 크게 달라졌다. 대미 일변도에서 벗어나 다원적인 외교를 추구하면서 아시아 지역 국가들 사이에서 자연스럽게 위상을 높이고 발언권 또한 강화했다.

1966년 6월 14일에 개최한 제1차 아시아태평양 각료회의ASPAC에서 한국의 외무부 장관이 의장으로서 회의를 주도했다. 또한 한국은 베트남전쟁 참전국 중 두 번째로 큰 규모의 파병국으로서 베트남 참전국 정상회담을 제의했다. 그 결과 1966년 10월, 필리핀에서 참전국 정상회담이 열렸다. 이를 계기로 한국은 국제사회의 변두리에서 벗어나 점차 중앙무대로 입지를 넓혀갔다.

파병이 한국 경제에 끼친 영향

한국의 경제는 베트남 파병 이후 비약적으로 발전했다. 미국의 한국에 대한 지원은 한국의 전투부대가 파병되면서부터 급격하게 증가했다.

미국은 1950년대 초 한국전쟁에서 쓴 돈보다 1960년대 중반 베트남전쟁에서 사용한 돈이 훨씬 많았다. 유엔군을 포함해 약 120만 명 미군 48만 명 포함이 동원된 한국전쟁은 미군과 한국군만으로도 약 300만 명이 동원된 베트남전쟁과 규모 면에서도 압도적으로 차이가 났다.

파병과 관련한 미국의 지원을 세분하면 다음과 같다. 유·무상 차관 제공, 군사원조, 군원이관 중지, 해외파병 근무수당일명 전투 수당 등의 직접 지원과 대한對韓 물자 구매, 베트남 수출 지원 등의 간접 지원이 그것이다.

미국의 한국에 대한 군사원조는 6·25전쟁 휴전 이후 점차 감소하여 1958년부터 급격히 축소됐다. 그러나 베트남전쟁을 계기로 다시 크게 늘었다.

1964년 1억 2,400만 달러였던 미국의 군사원조는 전투 병력이 파병된 1965년에는 1억 7,300만 달러로 늘기 시작했다. 1971년에는 5억 5,600만 달러로 정점을 이루는 등 군사원조가 몇 배나 늘었다. 파병에 따른 경제적 효과를 톡톡히 누린 셈이었다.

미국의 직접적인 지원에는 군사원조와 함께 군원이관 중지가 포함되었다. 군원이관이란 제2차 세계대전 이후 미국 정부가 우방국의 전후 복구와 군사력 증강을 위해 제공해 오던 군사원조 중 피지원국에서 생산 및 조달이 가능한 물자를 피지원국의 재정으로 조달하는 것이었다.

미국의 재정 부담을 줄이기 위한 이러한 군원이관을 한국 정부는 파병과 연계해 중지해 달라고 요청했다. 이에 미국은 1966년부터 1970년까지 군원이관을 중지했다. 한국은 이 조치로 9,310만 달러에 달하는 국방비를 절약할 수 있었다.

해외파병 근무수당은 베트남에 파병되는 장병들에게 지급되는 특별수당을 의미했다. 해외파병 근무수당 지급액은 미국 측 주도로 장병의 계급에 따라 차등 책정됐다. 미국은 4차 파병 협상 시 한국

측 요구를 수용해 이병부터 하사까지의 하위직 수당을 상향 조정해 1966년 7월 1일부터 시행했다.

베트남에 파병된 한국군 장병에게 지급되는 전투 수당은 자국에서 매월 받는 월급보다 훨씬 많았다. 당시 이등병의 월급은 1달러260원, 하사가 14달러3,640원, 중위가 36달러9,360원, 대령이 115달러2만 9,900원 였다. 일반 회사원의 월급이 4~5,000원이고, 설렁탕 한 그릇에 50원 이던 시절이었다.

반면 전투 수당은 매월 장군이 210~300달러, 영관급이 165~191 달러, 그리고 위관급이 135~150달러였다. 가장 많은 수가 파병되어 전투를 벌인 부사관57~125달러: 1만 4,820원~3만 2,500원과 병사37.5~54달러: 9,750원~1만 4,040원의 수당은 월급을 크게 웃돌았다.

베트남에 파병된 한국군 장병들은 수당 대부분을 가족들에게 송금했다. 당시 정부 입장에서는 경제개발을 위해 천문학적인 외화가 필요했다. 그래서 수령액의 80% 이상을 일괄 공제해 본국의 가족들에게 송금하는 방식을 택했다.

이 결과 파병 장병들의 송금으로 국내에 유입된 외화는 총 2억 달러에 달했다. 여기에 현지 PX군대 매점 운영 및 기타 관련 송금액을 포함하면 무려 2억 2,768만 달러가 본국의 경제활동에 활용되었다.

국민 대다수가 매일 끼니를 걱정하던 시절, 베트남 전장의 장병들은 가족들에게 경제적 안정을 제공하는 좋은 아들, 좋은 남편, 좋은 아버지였다. 당시 베트남 파병 장병이 있는 집은 동네에서 중산층으로 불릴 만큼 부러움의 대상이 되었다. 이를 반영하듯 "월남에서 돌아온 김 상사"라는 영화와 노래가 큰 인기를 끌기도 했다.

베트남 파병 장병과 기술자들의 저축액이 가계 저축액에서 차지하는 비중은 1967년 76.4%로 정점을 찍었다. 이후 1969년에는 51.8%, 1970년에는 45.5%를 기록할 정도로 한국 가계 살림에 미치는 영향력은 절대적이라고 해도 과언이 아니었다.

미국이 1965년부터 1970년까지 6년간 한국군 베트남 파병과 관련해 해외파병 근무수당, 군사원조, 군원이관 등에 지출한 비용은 약 9억 2,700만 달러였다. 반면 한국은 베트남전쟁 기간 중 남베트남 시장의 전쟁특수를 이용해 약 10억 3,000만 달러에 달하는 엄청난 외화 수입을 올렸다.

한국의 1인당 국내총생산GDP은 1965년 130달러, 1966년 140달러, 1967년 150달러로 해마다 조금씩 증가했다. 당시 한국의 경제 수준은 파키스탄, 스리랑카와 비슷한 수준이었지만, 필리핀이나 태국보다는 낮았다. 하지만 1970년대 경제 성장을 이루는 기반이 이때 마련됐다.

한국이 베트남전쟁에 참전함에 따라 특혜를 받은 것은 무엇보다 한국 기업들의 남베트남 진출이었다. 1966년 현대건설과 대림산업 등 10개 업체가 남베트남에 진출한 것을 시작으로 1967년에는 25개 업체, 1969년에는 56개 업체가 진출했다.

1966년부터 1972년까지 한국이 남베트남에서 군납군에 납품하는 물품으로 벌어들인 외화는 총 3억 7,000만여 달러에 달했다. 한국은 남베트남과 경제협정을 체결한 1959년까지만 해도 1,000만 달러도 벌지 못했다.

그러나 파병이 이뤄진 1966년에는 일반 수출, 군납, 장병·기술자 송금 등을 포함해 5,970만 달러를 벌었다. 1967년에는 1억 3,930만 달러를 기록하며 우리나라 총 경상수입의 15.8%를 차지했다. 이후 1971년까지 매년 1억 달러를 상회하는 외화를 남베트남에서 벌어들였다.

한국군이 베트남전쟁에 파병됨으로써 얻은 경제적 효과는 미국의 직·간접 지원과 남베트남 전쟁특수 활용, 그리고 국내 기업과 근로자의 남베트남 진출 등이었다. 이에 따른 총 외화수입은 대략 50억 달러 정도로 추정된다.

미국에 대한 수출도 증가했다. 1964년까지 한국의 최대 수출국은 일본전체 수출액의 32.1%이었다. 그러나 1965년 전투병을 파병한 직후부터 대미 수출이 일본 수출을 넘어섰고, 베트남 파병 철수 직전인 1972년에는 대미 수출액이 전체 수출액의 50%에 육박했다. 특히 섬유 관련 제품의 수출이 가장 큰 비중을 차지했으며, 1969년에는 대미 섬유 수출로만 처음으로 1억 달러를 돌파했다.

베트남 파병은 외국 차관 도입과 외국인 투자 유치에도 긍정적인 영향을 미쳤다. 1960년대 초반 외환보유고가 1억 달러 수준이었던 한국은 1962년 제1차 경제개발 5개년 계획을 추진하는 데 많은 외화가 필요했다. 이때부터 한국은 미국 원조에 의존하던 경제정책에서 벗어나 차관 중심의 다각적인 경제외교로 전환했다.

1962년부터 1965년까지 4년간 외국 차관과 외국인의 대한 투자는 1억 3,521만 달러에 불과했다. 그러나 파병이 이루어진 1966년 한 해에만 1억 7,723만 달러의 차관과 투자를 유치했다. 1967년에는 2억 3,000만 달러, 한국군이 베트남에서 철수하던 1973년에는 무려 10억 달러를 상회했다.

전쟁이 한창이던 1967년부터 1970년 사이를 살펴보면 베트남전쟁 특수가 전체 국민총생산GNP에서 차지하는 비중은 2.6~3.5%에 달했으며, 수출 총액으로는 25~47%를 차지했다.

이 시기 외환보유고의 경우 베트남에서 들어온 외화가 전체 보유액의 40%를 넘었다. 무역 외 수지 역시 이와 비슷했다. 이러한 자료를 종합해 보면, 베트남 파병으로 인한 경제적 특수는 한국 경제 발전에 지대한 역할을 했음을 부인할 수 없다.

파병이 한국의 안보에 끼친 영향

6·25전쟁이 끝나고 1953년 10월 1일 체결된 '한미상호방위조약'은 한반도에서 전쟁을 억제하는 데 중요한 역할을 했다.

반면 북한은 1961년 7월 6일 소련과 '우호 협조 및 상호 원조에 관한 조약'에 이어 7월 11일에는 중국과도 같은 내용의 조약을 체결했다. 북한의 이러한 조약은 한미상호방위조약보다 한 단계 높은 수준의 군사적 지원을 보장하는 것이었다.

한국은 미국에 '유사시 미군의 자동 개입을 보장할 수 있도록 한미상호방위조약을 개정할 것'을 요구했다. 그러나 미국의 반대로 실현되지 못했다. 북한은 1962년 '4대 군사노선'을 채택하고 군사력을 증강해 나갔다. 그리고 무력에 의한 적화통일을 외치며 남침의 기회를 엿보았다.

이 시기 한국의 군사력은 북한의 위협에 대응하기에 부족한 수준이었다. 한국은 오직 주한 미 지상군과 미 태평양함대의 해군·공군력 지원에 기대야만 하는 처지였다.

그러나 한국의 베트남 파병은 이러한 불안한 안보 현실을 뒤집을 수 있는 절호의 기회였다. 한국 정부는 베트남에 전투부대를 파병하는 것을 계기로 미국 정부에 한미상호방위조약 개정, 주한 미군의 지속적인 주둔 보장, 군사원조 확대 등을 요구했다.

이에 대해 미국은 '대한민국이 군사적으로 침략당할 경우, 군사력 사용을 포함한 원조를 즉각적이고 효과적으로 제공할 용의가 있으며, 한국 내에 강력한 군사력을 유지할 것'이라고 약속했다.

결과적으로 한국군의 베트남 파병은 미국 정부가 한국 안보에 대한 확고한 지원을 표명하고 서명 약속 등을 통해 북한의 도발을 억제하는 데 큰 역할을 했다. 또한 한미군사동맹을 더욱 굳건히 하는 데에도 적지 않게 이바지했다.

베트남 파병을 계기로 한국군은 실전 경험을 쌓을 수 있었다. 6·25전쟁이 끝난 지 십수 년 만에 작전술과 전투기술, 무기·장비 운용법 등을 숙달할 기회를 얻었다. 무엇보다 미군을 중심으로 한 연합군과의 합동 작전과 밀림 지역 등 다양한 환경에서의 작전 수행 등을 통해 전투 기량을 한 단계 이상 끌어올렸다.

한국이 1965년 베트남에 전투 병력을 파병하자 북한은 거세게 반발했다. 북한은 북베트남에 대한 지원 의지를 피력하면서 대남 도발을 감행했다. 북한의 휴전선 도발은 1965년 88건, 1966년 80건, 1967년 784건, 1968년 985건으로 급격히 증가했다.

북한의 김일성은 한국군의 베트남 파병이 계속 확대되자 좀 더 강력하게 도발했다. 1968년 1월 21일, 북한 특수부대를 남파시켜 한국의 대통령이 거주하는 청와대를 기습했다. 이틀 후인 1월 23일에는 동해에서 미 해군 정보함 푸에블로Pueblo호를 나포하는 도발을 감행했다.

이에 대해 한국 정부는 강력한 대북 보복작전을 계획했으나, 미국은 번번이 이를 만류했다. 대신 미국은 대통령 특사를 파견해 한국에 대한 안보 공약을 재확인하고 군사 지원을 보장하면서 한국의 보복작전을 무마시켰다. 이에 한국 정부는 한국군 현대화를 위한 군사원조를 요청하는 한편, 자체적인 안보 강화를 위해 1968년 향토예비군 창설을 추진했다.

1969년 1월, 새로 취임한 닉슨 미국 대통령은 같은 해 7월 괌에서 "아시아의 방위는 아시아인이 책임져야 한다."는 요지의 닉슨 독트린을 발표했다. 이에 따라 해외 주둔군 감축 조치의 하나로 주한 미군 철수 방안이 본격적으로 논의되기 시작했다. 한반도의 안보 환경이 급변한 것이었다.

파병에 우호적이었던 존슨 대통령이 물러나고, 새로운 닉슨 대통령이 미군 철수를 언급하자 한국은 중대한 갈림길에 섰다. 이제 더 이상 우리의 안보를 미국이 책임져 주지 않고 오직 자주국방만이 국가 안보를 지킬 수 있는 길이라고 자각하게 된 것이었다.

파병이 한국의 자주국방에 끼친 영향

자주국방의 길은 당시 급변하는 안보 환경에서 우리 민족의 생존을 보장할 수 있는 유일한 방법이자 어쩔 수 없는 몸부림이었다.

한국 정부는 믿었던 미국으로부터 주한 미군 철수가 자주 언급되자 심각한 위기의식을 느꼈다. 이에 기본방위 구상을 재검토하고 자주국방을 강화하기 위해 신속하게 움직였다.

한국이 1972년 M-16 자동소총 공장 건설을 시작으로 1977년부터 순차적으로 각종 화포를 양산할 수 있는 방위산업 체제를 갖출 수 있었던 데에는 한국군의 파병이 결정적인 역할을 했다. 파병 장병들의 전투 경험은 군사 기술 발전과 작전 능력 향상에 중요한 역할을 했다.

1970년 1월, 박정희 대통령은 자주국방을 달성하기 위한 병기 개발 및 생산의 시급함을 강조했다. 이에 따라 같은 해 8월 국방과학연구소ADD가 창설되었다.

1972년에는 '방위산업의 기반 창출과 기본 무기 생산의 국산화'라는 방위산업 정책목표를 수립했다. 이어 '방위산업에 관한 특별조치법'과 '방위산업진흥기금'을 제정해 방위산업을 육성하는 데 필요한 법적·제도적 기반을 구축했다.

베트남에서 파병 장병들이 철수한 1973년 4월, 박정희 대통령은 '자주국방을 위한 군사전략 수립과 군사력 건설'에 착수할 것을 지시했다. 박 대통령은 방위산업을 중화학공업과 연계해 고성능 전투기와 미사일을 제외한 주요 무기와 장비의 국산화를 추진하도록 지시했다.

1973년 7월, 합동참모본부는 최초의 군사전략서인 '합동기본군사전략'을 작성했다. 이 계획을 토대로 국방부는 제1차 전력증강계획을 수립했는데, 이것이 바로 '율곡사업'의 시작이다.

율곡사업은 국군이 자주국방의 기치를 내걸고 장비를 현대화하기 위한 무기 도입 사업을 의미했다. 율곡 이이의 10만 양병설과 임진왜란의 교훈을 되새기며, 자주국방의 정신을 되살리려는 의지가 담긴 사업이었다.

국방부는 율곡사업을 효과적으로 추진하기 위해 '율곡추진위원회'를 구성하고 사업 추진 및 투입 예산을 심의했다. 그리고 재원 확보를 위해 1975년 7월 '방위세'를 신설했다.

율곡사업은 모두 2차례에 걸쳐 진행되었다. 1차 율곡사업(1974~1981년)의 전력 증강 추진 목표는 양적·질적으로 절대적 열세에 있던 '대북 방위전력 확보'에 두었다.

중점 증강 분야는 조기경보와 방공능력 강화, 항공·해군 전력 증강, 전투사단 개편과 후방 경비사단 무장화, 지상화력 및 기동력 보강, 국방연구개발 및 방위산업 육성 등이었다.

이 기간 미국은 한국에 65억 달러의 군사지원과 56억 달러의 경제 원조를 제공했다. 베트남 파병으로 돈독해진 한·미 동맹관계가 이러한 지원의 배경이 되었다. 이처럼 엄청난 금액을 바탕으로 국방과학연구소는 정밀 무기체계에 대한 연구개발R&D 활동을 더욱 강화할 수 있었으며, 방위산업 품목 또한 다양화되었다.

1977년 후반기부터 1981년까지 방위산업 성과물이 쏟아졌다. 500MD 헬리콥터, 발칸 방공포, 한국형 장갑차, 105/155밀리 곡사포, 한국형 자동소총, 개량 M-16 소총, 500파운드 폭탄 등이 생산되었다. 1978년 9월에는 세계에서 7번째로 사정거리 150㎞의 지대지 미사일도 개발했다.

2차 율곡사업(1982~1986년)은 전두환 정권 시기에 시행됐다. 전두환 정부는 방위산업 정책목표를 '정밀 무기체계를 발전시킬 수 있는 방위산업 기반을 구축'하는 데 두었다.

이 기간 국내 연구개발로 K-1 전차, K-200 보병수송용 장갑차, 130밀리 다련장구룡, KH179 견인곡사포, 해군의 상륙함인 LST/LSM, 해군 고속정 등을 생산했다. 또한 기술도입을 통해 K-55 자주포, F-5E/F 전투기, 초계함PCC/FF 등이 생산됐다.

이 시기 국내 방위산업은 전차와 장갑차 개발, 구축함 건조, 그리고 전투기와 자주포 기술도입 생산을 통해 정밀 무기체계에 대한 국내 개발 및 생산 기반 체계를 구축할 수 있게 되었다.

1974년부터 1986년까지 율곡사업이라는 이름으로 실시된 자주국방을 위한 전력 증강 사업은 이후에도 다양한 이름으로 계속되어 국군의 무기체계 수준을 한층 끌어올리며 국내 방위산업의 발전을 도모했다.

노태우 정부(1987~1992년)는 방위산업 정책목표를 '국방물자의 국내 생산 기반 구축', 특히 '무기체계의 국내 생산과 더불어 토착 개발 및 설계'를 강조하는 데 두었다. 김영삼 정부(1993~1997년)는 앞으로 소요되는 무기체계는 가급적 '국산 무기를 쓴다'는 정책목표하에 신형 무기체계를 국내에서 개발하도록 했다. 김대중 정부(1998~2002년)는 전력 획득의 패러다임을 '체계 획득' 중심에서 '기술 축적' 중심으로 전환해 국내 방위산업을 적극 육성했다.

노태우·김영삼·김대중 정부 동안에 국내 연구개발을 통해 K-1 계열 전차, K-200 계열 장갑차, K-9 자주포, KT-1 기본훈련기 등이 생산되었다. 그리고 기술도입을 통해 KF-16 전투기, UH-60 기동헬기, BO-105 정찰헬기, 해군의 KDX 구축함과 장보고급 잠수함 등이 생산됐다.

21세기에 들어 자주국방에 기반한 국내 연구개발과 방위산업의 성장은 더욱 두드러졌다. 진보정권과 보수정권 가리지 않고 자주국방을 위한 투자는 과감할 정도로 계속됐다.

이 기간 K-2 전차흑표, K-21 보병전투장갑차, FA-50 경공격기, 808/806 차륜형 장갑차, KF-21 전투기, 한국형 이지스 구축함, 3,000톤급 잠수함 등이 국내 기술로 개발·양산되었다.

노무현 정부와 이명박 정부, 박근혜 정부, 문재인 정부, 그리고 현재의 윤석열 정부에 이르기까지 자주국방을 위한 군 전력 강화와 방위산업에 대한 열정적인 지원은 변함이 없다. 오늘날 대한민국의 군사력과 방위산업은 세계적 수준이다.

1970년대 초, 한국이 추진했던 자주국방은 민족의 생존을 도모하기 위한 절박한 몸부림이었다. 그리고 그 지난한 몸짓은 베트남 파병 장병이 남긴 울림이었다. 베트남 파병이 가져온 나비효과가 대한민국이 자주국방을 이루는 데 엄청난 파급효과를 불러일으켰음은 분명한 사실이다.

한국의 군사력과 방위산업

미국의 군사력 평가기관인 글로벌파이어파워GFP는 올해 초 2025년 세계 군사력 순위를 발표했다.

각국의 재래식 전력을 수치로 평가한 이번 군사력 순위에서 대한민국의 군사력은 NATO 국가들을 누르고 서방권에서는 미국 다음으로 2위이자, 조사 대상국 총 145개 국가 중 5위를 차지했다.

GFP 보고서에 따르면 대한민국은 군사력 평가 지수 0.1656을 받아 지난 2024년에 이어 5위 자리를 유지했다. 해당 군사력 평가지표는 0에 가까울수록 완벽한 군사력을 의미한다. 1위는 미국, 2위는 러시아, 3위는 중국, 4위는 인도 순이었다.

GFP가 평가하는 군사력 순위는 각 나라가 보유한 재래식 군사 장비와 군대의 규모, 경제 능력, 재정적 지위, 전투 작전 능력, 그리고 지정학적 이점 등 60개 항목을 평가해 매겨진다.

대한민국은 2025년 기준으로 50만 명에 가까운 병력을 보유한 군사 강국으로 평가됐다. GFP 군사력 순위에서 한국은 지난 2011년 7위를 차지하면서 처음으로 TOP 10위 이내에 들었다. 이후 지난해 처음 5위를 기록했다. 북한은 0.6016으로 지난해보다 2단계 상승한 34위로 조사됐다.

대한민국의 군사력은 강력한 비대칭 무기인 핵무기를 보유하고 있지 않아 실질적 군사 강국으로 평가되기에는 부족한 면이 없지 않다. 또한 GFP가 발표한 글로벌 군사력 순위 자료가 표면상 나타난 각국의 재래식 전력만을 기준으로 평가하기 때문에 정확하다고 보기 어려운 한계도 있다.

그런데도 대한민국의 군사력이 세계 군사 강국과 어깨를 나란히 하는 수준에 이르렀음은 누구도 부인하지 않는다. 북한의 기습적 남침으로 온 국토가 초토화되고 수많은 인명피해를 봤던 과거 6·25전쟁 당시의 허약했던 국군과 비교해 보면, 지금의 한국 군사력은 상전벽해가 따로 없다.

군사력의 또 다른 척도라 할 수 있는 방위산업의 성장은 더욱 놀랍다. 미국 대표 경제지 포브스는 최근 "한국이 조용히 세계 최대 무기 공급 국가 중 하나가 되고 있다."고 소개했다. 또한 미국의 뉴스채널 CNN은 "한국이 방위산업 메이저리거가 되었다."고 보도했다.

지난 2022년 발발한 러시아-우크라이나 전쟁을 비롯해 이스라엘-하마스 전쟁 등 최근 크고 작은 전쟁으로 세계의 많은 국가가 국방비를 늘리고 무기를 도입하고 있다. 이러한 시점에 대한민국의 무기가 빛을 발하고 있다.

전통적 방위산업 강국인 러시아는 전쟁으로 인한 경제 제재와 신뢰 하락으로 세계시장에서 몰락하고 있다. 또한 오랫동안 평화를 누린 탓에, 방위산업에 소홀했던 유럽의 군사 강국들도 주춤하고 있다. 이러한 국제 정세 속에서 한국의 방위산업은 뛰어난 품질과 가성비로 맹위를 떨치고 있다.

한국은 2022년 폴란드에 전차와 자주포, 로켓 시스템, 전투기 등 천문학적인 금액의 무기체계를 수출한 이후, 호주와 말레이시아, 루마니아 등 여러 국가에 장갑차, 전투기, 자주포 등을 판매하는 등 전세계로 판로를 넓히고 있다.

현재 한국은 전차와 장갑차, 자주포, 전투기, 구축함, 잠수함, 미사일 등 기존 재래식 무기부터 첨단 무기까지 세계적 수준의 무기를 독자 개발해 생산하는 글로벌 방위산업 국가로 우뚝 서 있다. 수년 내에 세계 무기 수출 4위권 국가로 들어설 전망이다.

최근 세계 각국은 대한민국의 이러한 방위산업 능력에 대해 놀라움과 부러운 시선으로 신문과 방송 등을 통해 집중 조명하고 있다. 과거 총 한 자루도 만들지 못했던 나라가 오늘날 육·해·공군의 주요 무기체계는 물론 최첨단 미사일까지 독자 개발하게 된 비결로 한국이 처한 안보 상황을 첫손가락으로 꼽는다.

남과 북이 대치하고 있는 상황에서 수많은 병력을 유지하며 자국 군대에 사용하는 무기를 현대화 및 국산화하는 과정에서 규모의 경제를 실현했고, 이를 통해 방위산업이 발전할 수 있었다는 것이 대체적인 시각이다.

이러한 분석은 당연하면서도 맞는 말이지만 어딘가 부족한 면이 있다. 결정적 분수령에 대한 설명이 빠져있다. 베트남 파병이 가져온 나비효과가 간과된 것이다. 방위산업의 시작과 도약, 그리고 고도 성장에 이르기까지 베트남 파병 전후로 한국이 처한 안보 상황이 군사력과 방위산업을 발전시키는 촉매제였음을 잊어서는 안 된다.

베트남 파병은 암울했던 당시, 한국군의 현대화와 자주국방을 위한 방위산업 건설을 가능케 해준 요술 방망이였다. 미국의 대규모 군사 및 경제적 지원은 베트남 파병이 없었더라면 애초에 불가능했다. 그 속에서 절박함으로 매진하여 오늘날 세계 군사력 5위와 글로벌 방위산업 국가로 우뚝 서게 되는 결실을 이룬 것이다.

베트남 파병 60주년 재평가

올해는 대한민국 국군이 베트남으로 전투 병력을 파병한 지 60주년이 되는 해다.

베트남 파병 이후 참전 장병들은 오랫동안 정당한 평가를 받지 못했다. 5,000여 명이 전사하고 1만여 명의 부상자와 오늘날까지도 병상에서 신음하고 있는 고엽제 환자 등이 고통을 호소하고 있음에도 우리 사회의 시선은 결코 따뜻하지 못했다.

심지어 한때 사회 일각에서는 '베트남 양민 학살' 및 '용병' 등의 주장이 퍼지기도 했다. 그럴 때마다 당시 정부는 상황과 여건을 명확하게 이해하는 바탕에서 심층 깊은 조사와 함께 반박하기보다는 속 앓이하며 적당히 넘어가곤 했다.

이러한 사회 분위기는 사실 미국도 마찬가지였다. 미국의 베트남 참전 장병들은 자긍심이나 보상금 대신 반전운동가들에 의해 조롱과 멸시를 받으며 사회의 문제아로 내몰리기까지 하는 희한한 경험을 했다.

그러나 한국은 사실상 패배로 끝난 베트남전쟁을 빨리 잊고 싶었던 미국과는 엄연히 달랐다. 한국의 베트남 파병은 경제적으로나 군사적으로 국가에 크게 공헌했고, 이를 누구도 부인하지 않는다. 그런데도 베트남전에 파병된 장병들은 오랫동안 제대로 된 평가를 받지 못했다.

어느덧 참전 장병들의 나이가 80세 이상의 고령이 대다수가 된 이즈음, 우리 사회가 해야 할 가장 시급한 일은 명예 선양과 보훈 정책이다. 파병 장병들 덕택에 오늘날 대한민국과 군이 선진국이자 세계적인 강군으로 우뚝 설 수 있었다는 감사의 마음이 무엇보다 우선되어야 한다.

베트남 파병 60주년을 맞이한 오늘, "당신은 대한민국의 자랑스러운 영웅이었습니다."라는 진심 어린 말 한마디가 대한민국 구석구석에서 메아리치기를 염원해 본다.

하나님의 보호와 대한민국 해군의 영광

애국가는 우리 민족의 신념과 정체성을 노래합니다. 그 가사 속 "하느님이 보우하사 우리나라 만세"라는 구절은 단순한 찬양이 아니라, 역사와 삶 속에서 우리 민족이 체험한 하나님의 섭리를 담고 있습니다. 이러한 신념은 대한민국 해군의 역사에서도 명백히 드러납니다.

대한민국 해군의 창설자인 손원일 제독의 삶과 업적은 하나님의 뜻과 보살핌을 깊이 체감하게 합니다. 손원일 제독은 독립운동가였던 아버지 손정도 목사의 신앙과 애국정신을 계승하며, 나라를 위해 헌신했습니다. 해군사관학교 창설과 '진리를 구하자, 허위를 버리자, 희생하자'라는 교훈은 그의 신앙적 가치와 국가적 사명을 동시에 드러낸 표상입니다.

특히 해군의 백두산호 구매 과정에서 보여준 해군부인회의 헌신과 노력은 감동적입니다. 그들이 바느질과 소규모 판매로 모은 기초자금이 대한민국 해군의 첫 전투함을 마련하는 데 밑거름이 되었습니다. 이후 6·25전쟁에서 백두산호가 동해에서 적함의 침투를 저지하며 전황을 바꾼 사건은 '하느님이 보우하심'을 증명하는 순간이었습니다.

이 책이 다루는 '십자성 계획'은 해군의 작전 역사에서 가장 기적적인 순간으로 기록될 만합니다. 월남 패망 당시 해군이 피란민을 안전하게 구조하고 탈출시킨 이 작전은 단 한 명의 희생자도 없이 이루어졌다는 점에서 믿기 힘든 기적이자, 완벽한 전술·전략적 성공이었습니다. 비록 당시의 국제 정세와 월남전 패배라는 상황 속에서 세상에 널리 알려지지 못했지만, 이는 하나님께서 인도하신 작전이었음이 분명합니다.

십자성 계획은 대한민국 해군의 영광을 드높이며 하나님의 섭리와 보우하심이 우리 역사 속에서 어떻게 실현되었는지를 보여주는 강력한 증거입니다.

이 책의 저자인 이문학 중령을 비롯해, 당시 주월남 한국대사였던 김영관 총장해사 1기, 해군 수송분대 권상호 사령관해사 8기, 참모장 정홍석 중령해사 12기, 박인석 계봉함 함장해사 14기, 이윤도 북한함 함장해사 15기 등 작전에 헌신한 영웅들의 이름은 오늘날 우리가 반드시 기억해야 할 자랑스러운 역사입니다.

이 책을 통해서 독자들이 십자성 계획에 담긴 신앙, 헌신, 그리고 애국심의 가치를 깊이 깨닫기를 바랍니다. 또한, 우리나라와 해군이 하나님의 보호 아래 지금까지 이어져 왔음을 되새기며, 앞으로도 하나님께서 우리나라를 지켜주시리라는 믿음을 가지게 되기를 소망합니다.

『세계 속의 한국 한국인』 저자 차 윤해사 6기